MarkeZine BOOKS　デジタル時代の実践スキル

ウェブ解析士協会理事　川田曜士

Web 分析&改善

マーケティングの成功率を高める戦略と戦術

はじめに

　いまや Web は企業に欠かせないものとなっており、多くの企業が様々な Web 上の施策を行っています。このような状況の中、施策を有用なものとし、競合他社に打ち勝つためには、Web の知識だけでは不十分です。なぜなら、Web はマーケティングの一部であるため、マーケティングの観点から施策を考えなければならないからです。

　「Web マーケティング」として考えると、いろいろなデータを容易に取得でき、即時性が高いという Web 独自の特徴を活用しなければ、わざわざ「Web」の「マーケティング」をする意味がありません。こういった Web の特徴をうまく利用するには、適切な方法で分析し、その分析結果から改善案を考えるスキルが必要となります。

　しかし、Web もマーケティングも領域があまりにも広大なため、何から学べばいいのか途方に暮れている人もいることでしょう。同様に、分析・改善のスキルも、一朝一夕で身につけられるものではないと考えているかもしれません。

　本書は、そのような人や Web マーケティングにこれから携わる人の助けとなるために執筆されました。本書のコンセプトは下記の 2 つです。

1. マーケティングの基礎と実用的な流れを理解できるような内容とすること
2. Web における分析の基本、それによる改善案の設計、施策の優先順位の設定などを理解できるような内容とすること

　1 つ目のコンセプトは第 1 〜 4 章に、2 つ目のコンセプトは第 5 〜 8 章に、できるだけポイントを整理し、具体的な内容となるようまとめています。そして最後の第 9 章は、相手にどのように分析結果や改善案を伝えればよいのか、また伝えるべきかといった内容です。順に読んでいただいてもいいですし、途中の章から読んでいただいても理解できる構成となって

いるはずです。ご自分に合った読み方をしていただければ幸いです。

　最後に、本書の最も重要な役割は、実用的なスキルが身につけられる本となることです。マーケティングやWeb分析・改善を行ううえで、知っておくべきポイントや押さえておくべきポイントをまとめ、できるだけ具体性がある内容としたつもりです。

　本書が皆様のスキルアップの一助になれば、この上ない喜びです。

株式会社モンゴロイド

川田 曜士

Contents | 目次

はじめに …………………………………………………………………… 002

読者特典のご案内 ………………………………………………………… 009

> Introduction
デジタル時代に不可欠な「Web分析・改善」 ……………… 011

01　Web分析・改善がいま求められる理由 ………………………… 012

02　さらに発展するWeb分析・改善 ………………………………… 016

Column　ブランディングのメリットを享受しよう ……………… 020

> Chapter 1
Web分析・改善でできること ………… 021

01　数字だけ追いかけると失敗する ………………………………… 022

02　Web分析・改善の目的は「事業に成果をもたらすこと」 ………… 026

03　Web分析・改善で身に付く「5つの力」 ……………………… 030

Column　第6の力、「言語力」 …………………………………… 034

> Chapter 2

Web戦略の基本 ⋯⋯⋯⋯⋯⋯⋯⋯⋯⋯⋯⋯ 035

01 Webもマーケティング活動の一部 ⋯⋯⋯⋯⋯⋯⋯⋯⋯ 036

02 戦略も戦術も「知る」ことから始まる ⋯⋯⋯⋯⋯⋯⋯⋯ 040

03 戦略とは「知って」「見つけて」「組み立てる」こと ⋯⋯⋯⋯⋯ 046

04 戦術とは「実行して」「育てる」こと ⋯⋯⋯⋯⋯⋯⋯⋯⋯ 050

05 戦略と戦術をつなげるフレームワーク ⋯⋯⋯⋯⋯⋯⋯⋯ 053

06 戦略の賞味期限〜戦略の見直し〜 ⋯⋯⋯⋯⋯⋯⋯⋯⋯ 057

Column 変化のパターンを読む ⋯⋯⋯⋯⋯⋯⋯⋯⋯⋯⋯ 061

> Chapter 3

Web分析・改善の第一歩 「会社とユーザーを知る」 ⋯⋯⋯⋯⋯ 063

01 会社とユーザーを知るべき理由とは ⋯⋯⋯⋯⋯⋯⋯⋯ 064

02 フレームワークを利用するメリットと効果的な組み合わせ ⋯⋯⋯ 068

03 Webサイトのビジネスモデルを理解する ⋯⋯⋯⋯⋯⋯⋯ 073

04 事業の流れを知り、よさを見つける ⋯⋯⋯⋯⋯⋯⋯⋯⋯ 079

05 ユーザーの行動を知り、顧客心理を理解する ⋯⋯⋯⋯⋯⋯ 084

Column アクティブユーザーモデル ⋯⋯⋯⋯⋯⋯⋯⋯⋯⋯ 089

> Chapter 4

いろいろな指標の意味と活用方法 ……………… 091

01 指標の意味を正しく理解する ……………………………… 092
02 解析ツールで覚えておきたい指標とその活用方法 ………… 096
03 Web広告で覚えておきたい指標とその活用方法 ………… 101
04 ビジネスの基本指標とソーシャルメディアの基本指標 ……… 105
05 指標の基準値を持つ ………………………………………… 109
Column メールマーケティングの指標 ……………………… 112

> Chapter 5

マーケティング視点で分析・改善計画を立てる ……… 113

01 計画は事業目的から逆算する ……………………………… 114
02 KGI、KPI、KSFを理解する ……………………………… 118
03 イーコマースの計画立案 …………………………………… 122
04 リードジェネレーションの計画立案 ……………………… 125
05 メディアサイト、サポートサイトの計画立案 …………… 129
Column 実際にページを確認することの大切さ ……………… 133

> Chapter 6

測定方法を設計する 135

01 用意されている指標から考えてはいけない 136
02 自社に合った測定方法を設計する 140
03 イーコマースの測定方法の設計 143
04 リードジェネレーションの測定方法の設計 147
05 メディアサイト／サポートサイトの測定方法の設計 151
06 KPIの設計で気を付けたいこと 155

Column インタラクション解析 159

> Chapter 7

意図を持って施策を運用する 161

01 施策をやりっぱなしにしないために 162
02 意図のある施策の作り方 166
03 施策の優先順位 170
04 よい施策を常にストックしておく 174
05 戦略に立ち返る癖を付ける 178
06 検証するときの注意点 181

Column 平均値と中央値、最頻値 184

> Chapter 8
データから課題を発見する ················· 185

01　サイトの導線を意識する ································· 186
02　全体の傾向を知る ····································· 189
03　データを絞り込んで比較する ·························· 193
04　Googleアナリティクスから数値の全体傾向を把握する ·········· 197
05　ユーザー、事業、競合他社の視点で気付きを得る ·············· 202
06　定性的なアプローチを使いこなす ······················· 205
07　データには間違いもある ······························· 209
08　定期的にデータ取得ができる体制と仕組みを考える ············ 212
Column　非顧客を知る ································· 215

> Chapter 9
データの「見せ方」と「伝え方」········· 217

01　レポートを作る理由は「事業に成果をもたらすため」··············· 218
02　見せ方のルールを決める ······························· 221
03　相手によって伝える内容を変える ······················· 224
04　課題を管理する ····································· 228
05　レポートの最終目標は「作らない」こと ···················· 232
Column　人のために分析・改善し、心地よい体験を創出する········ 235

Index ··· 236

読者特典のご案内

本書をご購入いただいた方に以下の特典をご用意しています。Web 分析・改善にぜひお役立てください。なおご利用の際は会員登録（無料）が必要です。

・Web 分析や改善で覚えておきたい指標一覧（PDF 形式）
解析ツールや Web 広告の重要指標、ソーシャルメディア指標などの意味や計算式を一覧にまとめました。手早く参照できるのはもちろん、確認すべき指標のチェックリスト代わりに使うこともできます。

・KPI 定義書・KPI 測定の定義書のテンプレート（Excel 形式）
計画の進度を測る指標である KPI を共有し、管理するために使えるテンプレートです。詳しくは第 6 章で解説しています。

https://www.shoeisha.co.jp/book/present/9784798159140

※会員特典データのファイルは圧縮されています。ダウンロードしたファイルをダブルクリックすると、ファイルが解凍され、利用いただけます。

●注意
※会員特典データのダウンロードには、SHOEISHA iD（翔泳社が運営する無料の会員制度）への会員登録が必要です。詳しくは、Web サイトをご覧ください。
※会員特典データに関する権利は著者および株式会社翔泳社が所有しています。許可なく配布したり、Web サイトに転載することはできません。
※会員特典データの提供は予告なく終了することがあります。あらかじめご了承ください。

> Introduction

デジタル時代に
不可欠な
「Web分析・改善」

いまや、Web分析・改善はどのようなビジネスにおいても求められる
スキルです。企業からも「Web分析や改善をしたい」という声をよく
聞きます。そもそも、なぜWeb分析・改善が必要とされているので
しょうか。その理由を解説します。

Section 01

Web分析・改善が
いま求められる理由

　昨今、企業でWeb分析・改善をしたいというニーズが伸びています。実は、Web分析・改善はどのようなビジネスにでも求められるスキルです。なぜ、いま求められているのか、その理由を見ていきましょう。

Webが企業の主戦場

　テレビや新聞などの伝統的なメディアの広告費が減少する中、Webの広告費は年々増加し続けています。2018年度にはWeb広告費が1兆7,589億円と、テレビの広告費の1兆7,848億円を次年度には追い抜きそうな勢いです(※)。

　いまや企業のマーケティングの主戦場はWebに移りつつあるといえるでしょう。また、スタートアップも増えており、Webを基軸にさまざまな新しいビジネスが立ち上がっています。大手企業も含めて、あらゆる企業が戦いを繰り広げる戦国時代に突入しています。

　このような状況下で自社のビジネスを伸ばすためには戦略が欠かせません。戦略のない戦いのほとんどは、負け戦に終わります。うまくいったとしても、それは偶然であって再現性がなく、ビジネスの継続的な成長にはつながりません。それでは、戦略はどのようにして立てるのでしょうか。そこにWeb分析・改善が求められる理由の1つがあります。

　戦略を立てる第一歩は、現状を正しく知ることです。そのためには、さまざまなデータや情報を集め、分けて区別し、重要なものだけを抜き出す必要があります。この「分けて区別する」ことが分析の本質です。そうしなければ、ムダな情報や間違ったデータが残ることとなり、現状を正しく知ることができません。つまり、分析なしに戦略は立てられないのです。

また、戦略は「一度立てれば終わり」というものではなく、改善するものです。社会情勢の変化や技術の進歩により、状況は常に変化し続けています。戦略もそれに対応しなければなりません。変化に対応し、改善できる能力がかつて以上に求められているのです。

※出典：電通「2018年　日本の広告費」
（http://www.dentsu.co.jp/news/release/2019/0228-009767.html）

スマートフォンの普及によるWebの広がり

企業の意識がここまでWebに向いた主な要因はスマートフォンの普及です。スマートフォンによってユーザーは常にWebに接続でき、Web上のコンテンツを楽しむことができるようになりました。総務省によれば、スマートフォンによるインターネットの平日の利用時間は、全年代平均で1時間22分、10代では2時間23分です（図0-1）。学校や仕事、睡眠時間などを省くと、多くの時間をネットに費やしていることがわかります。

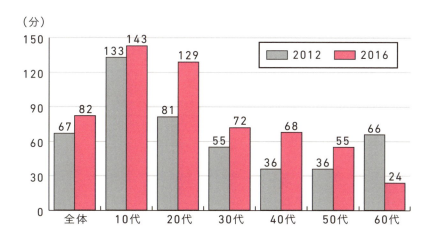

図0-1　スマートフォン利用者のインターネット利用時間（2012年と16年比較）（平日1日あたり、利用者ベース、全体・年代別）
出典：平成29年版情報通信白書（同白書では、総務省情報通信政策研究所「情報通信メディアの利用時間と情報行動に関する調査」のデータをもとにグラフ作成）

ただし、企業にとって困ったことも起きています。それは、ユーザーの行動が大きく変化し、分散してしまったことです。それまでは、テレビや新聞、雑誌など、企業から発信されるものが取得できる情報のほとんどで、行動の選択肢も限られていました。しかし、Web上には膨大な情報があるため、ユーザーは自分の趣味嗜好に合わせて情報を取捨選択できるようになりました。

　ソーシャルメディアの普及により、この傾向は加速します。たとえば「20代女性」と一言でいっても、現在はいろいろな趣味嗜好がある集団が形成されています。画一化された行動はなくなり、個別化された行動が増え、ユーザーが分散しているのです（図0-2）。

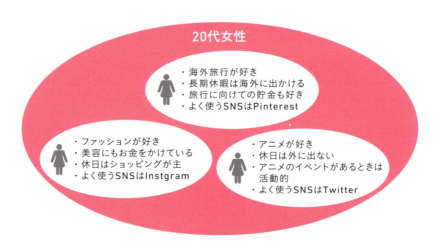

図0-2　ユーザーの個別化

　自社のターゲットであるユーザーは、どのような行動をするのか、どうすればアプローチできるのか、つかみづらくなっています。これを解消するためには、ユーザーの行動や趣味嗜好を分析し、仮説を立て、改善を繰り返すスキルが不可欠です。

データ取得が容易に

　Web業界の進化はすさまじく、いまではさまざまなデータを簡単に取得できるようになりました。2010年の頃は、国内の上場企業でのGoogleアナリティクス導入率は30％でしたが、2019年1月には85.83％[※]と、3社のうち2社以上が導入しています。Googleが無料で提供していることも大きいですが、導入が簡単になったことと、企業のデータ活用意識が高まっていることも理由として挙げられます。ビッグデータ、データサイエンティストなどの流行からも、データ活用意識が根付いてきているように感じます。

　ただし、データは単なる結果です。眺めているだけでは何も生まれません。データを活用するには分析し、仮説を立て、改善策を考えることが重要です。そこにはWebはもちろんのこと、経営・マーケティングや統計の知識など、多様な知識が求められます。こういったスキルを持った人材がいま、企業に求められているのです。

※出典：DataSign「DataSign Report 上場企業調査 2019.1」
　　　　https://datasign.jp/blog/datasign-report-20190130/

Section 02
さらに発展する
Web分析・改善

　Web分析・改善は、今後も欠かせないスキルであることは間違いありません。しかし、これからはいろいろな視点と組み合わせることが重要です。また、データからアイディアを生み出せる発想力も求められることでしょう。

ブランディングとWeb分析・改善

　多くの企業がWebを欠かせないチャネルだと認識し始めたいま、Webは成熟期を迎えています。成熟期を迎えた市場は、必ずといっていいほど価格競争が起こります。スマートフォン業界がよい例ですが、発売当初は高価だったスマートフォンも、今日では格安スマホが発売されたりしています。これは市場が成熟して参入障壁が下がることで競合が増え、その結果として価格というわかりやすい部分で勝負する場面が増えてしまうからです（図0-3）。

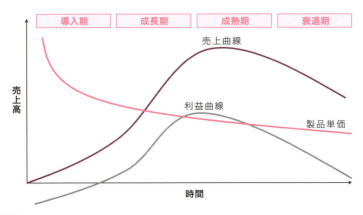

図0-3　成熟期になると製品単価が下がる（プロダクトライフサイクル）

また、WebにはAmazonのような巨人がいます。こういった企業は、圧倒的な資金力と蓄積されたデータでサービスを改善し続け、Web上で確固たる地位を築いています。このような巨人に、価格というわかりやすくももろい武器で立ち向かうべきでしょうか。そうでなく、自社を選んでもらう別の理由を作らなければなりません。

　そのために、今後はWebでもブランディングがさらに重要となるでしょう。ブランディングと聞くと、分析・改善とはかけ離れたものと思われるかもしれませんが、実はそうでもありません。分析・改善スキルがあるから、ブランディングの精度を上げることが可能になるのです。

　マーケティングが「売れる仕組みを作ること」だとするなら、ブランディングは「売れ続ける仕組みを作ること」です。さらに掘り下げるなら、「顧客にこう思ってほしいというイメージと、顧客が実際に思うイメージを一致させ、特定のニーズが発生したときにそのブランドを想起させるための活動」といえます（図0-4）。

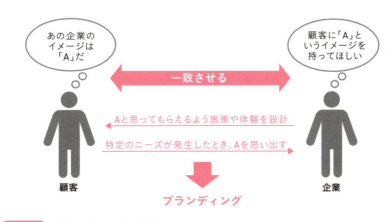

図0-4　ブランディングの役割

　顧客、つまりユーザーのことを深く知らなければ、イメージの一致などできません。このときに役立つスキルが、Web分析・改善です。Webではさまざまなデータを取得することができます。そのデータを分析すること

により、企業が想定するユーザー像に深みが出てくるのです。また、想定しているユーザー像が正しいのかという検証も可能になります。

イメージを一致させるためには、企業からユーザーへ情報を発信する必要があります。情報が何もなければイメージができませんし、そもそも自社のことを知ってもらえません。ここでも分析・改善のスキルが活躍します。その発信方法は意味があったのか、なかったのか、改善するにはどうすればいいのかなど、いろいろなデータを取得できるWebだからこそ、発信においても精度を高めることができます。このように、ブランディングにWeb分析・改善を活用する流れはしばらく続くでしょう。

テクノロジーの進化とWeb分析・改善

今後はIoTの技術によってあらゆるものがWebとつながり、Web以外の行動データも取得できるようになるはずです。たとえば靴とWebがつながれば、歩行スピードや歩く癖などもデータとして取得できるようになります。

そうなると、データの分析能力はさらに重要視されるでしょうが、それ以上に分析・改善のセンスのよさが求められます。さまざまなデータがある場合に、そこから導き出せる課題が1つだけということはありえません。データ量が多くなるにつれ、課題の数も増えるはずです。その多くの課題に、なんとなくの順番で対応してしまうのは効率的ではありません。どの課題が最も重要か、ビジネスに最もインパクトを与えられるのかを見極めるセンスが求められます。

また課題を見極められたとしても、それを改善するアイディアが必要です。現在でもそうですが、Webで打てる施策は多種多様です。その中から、どの施策が課題に対して最も適切なのかを選ぶセンスも必要でしょう。

テクノロジーの別の視点として、AIの話があります。AIによって分析が自動化されるようになれば、人が行うよりも格段に速く正確でしょう。もしかしたら、改善策まで出してくれるかもしれません。そうなったとき、

分析・改善のスキルは不要となるのでしょうか。

　そんなことはありません。なぜなら人間だからこそわかる勘所や、クリエイティブな発想がより重要になるからです。

　たとえば、ビール会社3社がWeb広告を出しているとします。この3社が同じAIを使って分析・改善を行った場合、何が起きるでしょうか。訴求内容は似通った広告となり、ユーザーの記憶に残らないといったことが起きますね。これは極端な例ですが、同じようなAIで似通ったデータを用いて最適化した場合、答えが似てしまうのはありえることです。それはAIが与えられたデータからしか判断できず、その文脈を超えた解釈がまだできないためです。

　一方、人間はAIほど正確に答えを出すことはできません。しかし、上記のたとえ話のような結果を避けることは簡単です。経験によって培われた勘から、結果を想像できるからです。

　また、予想される成果をクリエイティブ表現によって大きく逸脱し、大成功へと導くクリエイティブ・ジャンプと呼ばれる発想転換法がありますが、これは人間の経験や感覚が最終的な頼りとなります。完全な答えを出せない人間だからこそ、AIを超えた斬新なアイディアを出せるのです。

　ただし、クリエイティブ・ジャンプはそう簡単に起こせるものではなく、勘が間違っていることもあります。AIから最適な答えを得つつ、必要であれば人間らしいアレンジを加える、そういった動きが今後のスタンダードとなるはずです。ここに分析・改善のスキルがこれからも必要とされる理由があります。AIの答えを理解するためには分析・改善のスキルは必要ですし、アレンジを加えるにも同様だからです。これからの時代を見据え、分析・改善のスキルをいまから高めておきましょう。

🔖 Column | ブランディングのメリットを享受しよう

　企業にとってブランディングの最大のメリットは、価格競争に巻き込まれず、価格決定権を得られることかもしれません。たとえば一般的な掃除機の平均販売価格は1.9万円ですが、ダイソンの掃除機は7万円で販売されています。このように、確固たるブランドを築けると、自社に有利な価格設定が可能になるのです。

　その他にも、競合他社との差別化ができたり、社員のモチベーションが上がったり、採用活動を効率化できたりと、ブランディングによって企業はさまざまなメリットを享受できます。

　それでは、そもそもブランドとは何なのでしょうか。端的にいえば、ブランドは顧客1人1人の頭の中にあるイメージです。そして前述のように、ブランディングとは、企業が顧客に思ってほしいイメージと、顧客が企業に思うイメージを一致させる活動といえます。ブランドは個人が持つイメージなので、それぞれ異なっていて当然です。しかし、その中にある共通するイメージを持ってもらうことが重要です。

　「スターバックスといえば何？」と聞いたとき、おいしいコーヒー、オシャレな空間、きめ細かな接客など、人によって答えは違うと思います。しかし、「居心地のいい空間」という共通のイメージを持っている人は多いでしょう。スターバックスが顧客に思ってほしいイメージは、サードプレイス（自宅でも職場でもない、自分らしさを取り戻せる第3の場所）なので、このイメージと一致しています。こうなっていると、ブランドが確立されているといえるのです。

　今後はWebに関わる私たちも、ブランディングに関する知識を深める必要があります。企業の主戦場がWebに移ったいま、Webの知識だけでは競合他社に勝つことはできません。

> Chapter

1

Web分析・改善で できること

分析せずに表面上の数値を追いかけるだけでは、改善はうまくいきません。Web分析・改善の本当の目的を知り、数値の裏側に潜む理由に気付くことが大切です。この章では、そのために必要な視点や、Web分析・改善によって身に付く「5つの力」について解説します。

Section **01**

数字だけ追いかけると
失敗する

Webのメリットの1つは数値を取得できることです。ビジネスにおいて数値はわかりやすい判断材料のため、Webでもそれをもとに判断を行うことが多いです。しかし、数値だけを盲目的に追いかけると失敗してしまいます。

よくある失敗

筆者は以前、ある通販サイトのWeb広告全般を担当していたことがありました。その企業は小売業で、自社で製造した商品を販売するのではなく、メーカーから仕入れた商品を販売するというビジネスモデルです。こういったビジネスモデルの場合、仕入費用がかかる、競合他社でも扱えるのであれば価格競争が起きる、といったことから粗利率は低くなりがちです。この企業も例に漏れず粗利率が低かったため、Web広告の最重要指標は費用対効果でした。当時の私に課せられたミッションは、この最重要指標である費用対効果をどう改善するかでした。

費用対効果を改善する最もシンプルな方法は、ムダを省くことです。ムダな支出を抑えれば、当然ながら費用対効果は改善されます。ただし、この「ムダ」というのがポイントで、何をもってムダと判断するのかが肝心です。この点に気付いたのは後々のことで、当時の私はわかっていませんでした。費用対効果が悪いもの、という数値しか見ていなかったのです。

さて、費用対効果のことしか考えず、それが基準よりも悪い広告を停止していった結果、数値は大きく改善しました。反対にいえば、費用対効果がよい広告だけが残ったため、当然の結果ともいえます。しかし、何カ月か経ったときに問題が起こりました。売上が下がってしまったのです。

よくよく考えると当たり前なのですが、最も費用対効果がよいユーザーは既存顧客です。既存顧客の含有率が高いところへ広告配信をすれば、費用対効果は改善されやすいのですが、反対に新規ユーザーへのアプローチ量は減少してしまいます。そうすると、既存顧客が売上の主となるしかありません。とはいっても、既存顧客も月に何回も買うわけではありませんし、離れてしまう顧客ももちろんいます。通常はその離れる顧客を充足するために新しいユーザーを顧客化するのですが、それができない状況を作ってしまったのです。そのため、ゆっくりと売上が下がっていくという現象が起きました（図1-1）。

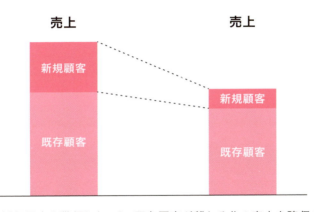

図1-1　新規顧客を獲得しないと、既存顧客が離れる分の売上を確保できない

なぜ、このようなことが起きたのでしょうか。それは数値しか見ていなかったからです。数値はあくまで結果で、その意味までは示してくれません。ここに失敗の原因があります。

失敗の原因

原因を掘り下げる前に、費用対効果が改善して売上が下がったことが悪いことなのか、という疑問があるかもしれません。これはビジネスモデル

や、ビジネスのステータスにもよりますが、基本的には悪いといえます。

　企業は利益を最大化することが目的です。たとえば、費用と売上の割合にもよりますが、費用対効果を改善して広告費が10％減り、売上が10％下がっても、利益は大きく変わらないかもしれません。しかし、広告費が10％減り、売上が20％下がれば、たいていの場合は利益も減るでしょう。

　このような状況では往々にして、費用対効果をもっと改善しようとしがちです。費用をさらに減らし、売上もさらに下がる、という悪循環が生まれます（図1-2）。そして、どこかのタイミングで改善の限界を迎え、利益が縮小してしまうのです。本来は利益を向上させるために費用対効果を改善するのですが、これでは本末転倒ですね。

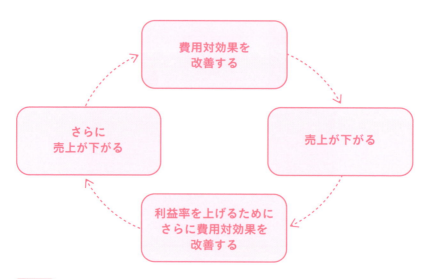

図1-2　費用対効果改善と売上・利益減少の悪循環

　さて、話を戻すと、このケースでは広告の意味を費用対効果という数値でしか判断しなかったことが問題といえます。言い換えると、費用対効果が高い／低い理由を掘り下げて考えられなかったということです。

　停止した広告を分析すると、新規ユーザーを呼び込む率が高いことがわ

かりました。今日では、ユーザーが初めて訪れたサイトで購入まで至る可能性は高くありません。なぜなら、多くの競合サイトがあり、ユーザーにとって比較検討しやすい環境だからです。そのため、新規ユーザーを呼び込むことに長けていれば、費用対効果は悪くなる可能性が高いのです。つまり、費用対効果以外の効果を考慮しなかったことが失敗の原因です。この広告は費用対効果以外の指標で判断すべきで、その指標から考えると優秀な広告だったのです。

複眼的な視点を持つ

　数値は意味を表していないので、どのような視点からその数値を捉えるかで、その後の判断は大きく変わります。またある数値に固執してしまうと、それ以外の視点が排除されてしまいがちです。人間は無意識に慣れた思考をたどる生き物です。意識しなければ別の視点で考えることができません。

　とはいえ、意識するだけでいいというものでもなく、数値への理解を深めるためには、さまざまな領域についての理解が不可欠です。ユーザー、ビジネス、マーケティング、データ分析、経営など、いろいろなことへの理解が深まれば深まるほど、数値への理解も深まります。つまり、複眼的な視点で数値を見られるようになるのです。これはWeb分析・改善に活かすことができ、またWeb分析・改善をすることで培うことも可能です。

> **！ まとめ**
>
> 　ある1つの視点だけで数値を見ると、失敗してしまうことがあります。複眼的な視点で数値を捉えるようにしましょう。複眼的な視点で数値を見るためには、ユーザー、ビジネス、マーケティング、データ分析、経営など、さまざまな領域についての理解を深めることが重要です。

Section **02**

Web分析・改善の目的は「事業に成果をもたらすこと」

Web分析・改善の目的は「事業に成果をもたらすこと」です。サイトを改善することも、集客を改善することも、成果をもたらすための手段の1つでしかありません。

Web分析・改善の目的は資料を作ることではない

よくある話として、アクセス解析レポートなどの分析資料を作成するためにWeb分析・改善を行うと思っている人がいますが、それは間違いです。たしかに業務として分析資料を作ることはあります。しかし、それが目的では決してありません。その資料によって、改善が進み、事業に成果をもたらすことが目的なのです。

反対にいえば、資料を作らなくても成果をもたらせるのなら、資料は必要ありません。限られた時間を資料作成に使うよりも、新たな施策を考えることに使う方が生産性は高いからです。

また、サイトを改善する、集客を改善する、といったことも目的とはいえません。どちらも大変重要なことなのですが、事業に成果をもたらすという視点で見ると、手段の1つでしかないのです。

たとえば、集客に困っていてWeb広告に課題を感じている企業があったとします。この場合、Web広告を改善することが最もよいといえるでしょうか？　もちろん、Web広告の改善も選択肢の1つではあります。しかし、もしかしたらサイトに問題があり、集客したユーザーを取り逃がしているだけかもしれません。または、社名で検索すると悪い口コミばかり表示されるなんてこともありえます。

この時点ではどれも可能性の話で、「これが正解」とはいえません。Web

分析・改善で大切なことは、「何を改善すれば、最も大きな成果をもたらせるのか」という視点です。事業に成果をもたらすこと、それを忘れないようにしてください。

成果のために理解が必要な3つのこと

ウェブ解析士協会が発行しているテキスト[※]によると、事業に成果をもたらすためには、次の3つを理解する必要があります（図1-3）。

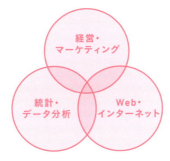

図1-3　成果のために理解が必要な3つのこと

■①経営・マーケティングについての理解

事業に成果をもたらすためには、対象となる事業の経営・マーケティングについての理解が不可欠です。経営・マーケティングというと大げさに聞こえるかもしれませんが、端的にいえば、その事業を深く知るということです。

事業を深く知らない提案は、総じて一般論にとどまってしまいます。あまり知らない人に相談されても一般的なアドバイスしかできないように、企業への提案もそれと一緒なのです。成果をもたらすために、その事業を深く理解することを心がけましょう。

[※] 守口 剛 [編著] 一般社団法人ウェブ解析士協会 [編]（2018年）『ウェブ解析士認定試験公式テキスト2019』マイナビ出版.

■ ②Web・インターネットについての理解

　Web・インターネットのデータが分析や改善の主な対象である以上、Webの技術や仕組みを正しく理解する必要があります。新しい技術や仕組みを追いかけている人は多いと思いますが、サイトが表示される仕組みやアクセス解析ツールで数値を取得できる仕組みなど、Webの基本的な部分を理解することも大切です。

　このような基本的な技術や仕組みを理解していなければ、誤った数値を取得してしまい、成果につながらない改善案を考えてしまう可能性があります。新技術を理解することももちろん重要ですが、Webの基本的な部分も学んでおきましょう。

■ ③統計・データ分析についての理解

　分析においては、統計やデータ分析の知識を持ち、分析結果を正しく判断できる能力が必要です。統計学を勉強しろ、とまではいいませんが、データを扱う者として、各指標の意味を正しく理解し、意味のある数値比較ができるようにしてください。

Web分析・改善で扱うデータの範囲

　Web分析・改善で扱うデータの範囲を分類すると、大きく次の3つに分けることができます(図1-4)。各項目はウェブ解析士協会のテキストに準じています。

図1-4　Web分析・改善で扱うデータの範囲
守口 剛[編著] 一般社団法人ウェブ解析士協会[編](2018年)『ウェブ解析士認定試験公式テキスト2019』マイナビ出版.を参考に作成

■①アクセス解析によるデータ

　Google アナリティクスなどのアクセス解析ツールで取得できる自社サイトのデータです。セッションやページビュー数などが含まれます。

■②Web マーケティング解析によるデータ

　広告効果測定ツールや競合他社分析ツール、ソーシャルメディア解析など、アクセス解析ツールのデータではないが Web マーケティングに活用できるデータです。

■③ビジネス解析によるデータ

　売上や利益などの財務指標、商談数や見積提出数などの営業データ、コールセンターの問い合わせ数など、経営やユーザーに関わるデータを含みます。

　アクセス解析で得られるデータだけで Web 分析・改善を行うことは、いまや不十分といえます。繰り返しになりますが、Web 分析・改善の目的は事業に成果をもたらすことです。ユーザーの行動がつかみづらくなっている現在、アクセス解析によるデータ以外も活用して、意味のある分析・改善を行うようにしましょう。

> **！ まとめ**
>
> 　Web 分析・改善の目的は「事業に成果をもたらすこと」です。事業に成果をもたらすためには、経営・マーケティングについての理解、Web・インターネットについての理解、統計・データ分析についての理解が必要です。そして、アクセス解析のデータだけではなく、Web マーケティング解析、ビジネス解析によるデータも活用し、事業に貢献できるようにしましょう。

Section **03**

Web分析・改善で身に付く 「5つの力」

　Web分析・改善を実際に行うと、いくつかのスキルが必要なことがわかります。ここでもウェブ解析士協会のテキストを参考にすると、そのスキルは「情報収集力」「情報発信力」「仮説力」「設計力」「施策実行力」の5つに分類でき、これらの力を高めることにより、Web分析・改善のスキルが向上します。反対にいえば、Web分析・改善を行うことにより、この5つの力を身に付けることができるのです。

① 情報収集力

　情報収集力とは、情報を集めるだけではなく、それが必要かどうかを判断できる力も含みます。

　Webは日進月歩の世界で、新しいサービスや技術が次々生まれています。その中には、自社やクライアントに貢献できるものがあるかもしれません。メールマガジンに登録する、セミナーに定期的に参加するなど、情報収集の方法を必ず持つようにしましょう。

　またWeb業界の情報以外にも、自社やクライアントの業界、あるいは企業の情報を集めることも重要です。業界のトレンドや競合他社の動向を知ることにより、新たなサービスや改善案が思い付くかもしれないからです。

　また、社内やクライアント内でどのような動きが起こっているのかを知ることも重要です。アイディアがよくても、タイミングが悪くて実現できないものはたくさんあります。

　そして、集めた情報の中には不必要なものが必ず存在します。自社やクライアントに伝えると喜ばれる情報なのかを意識し、集めた情報を整理するようにしましょう。

② 情報発信力

情報は発信することにより、さらに情報が集まります。そのような情報に興味があることを他者に伝えることでもあるからです。興味を持っている人、つまり耳を傾けてくれる人に知っている情報を話したくなるのが人間です。

また発信するということは、情報の理解に役立ちます。自分がよくわからないことを人に伝えることはできません。伝えるために理解しようとし、情報が自分の中で整理されます。

まずは社内勉強会やSNSでも構わないので、情報発信を行うようにしましょう。とはいえ、むやみやたらな情報発信や、一方通行の情報発信では意味がありません。受け取ってくれた人にとって価値のある情報を発信できるよう心がけましょう。

③ 仮説力

仮説力とは、情報から疑問点を見つけ、仮の結論を導き出す力です。端的にいえば、「気付きを得る力」です。なんとなくデータを眺めて、「よいか悪いか」だけを考えていても何も生まれません。データから気付きを得て、課題や改善案を導き出すことが必要なのです。

この仮説力は、経験にもとづいた力です。経験が豊富であればあるほど、気付きの量と質は高まります。経験といっても、Web分析・改善の経験だけを指しているわけではありません。日常的に気付きを得ようとする意識が重要です。たとえば、テレビを見ていて、このCMはどんな人に何を伝えたいのだろう、もしかしたらこれが狙いじゃないのか、などと想像することにより、仮説力は鍛えられていきます。

また他者の意見を聞くことも大切です。自身では思い付かなかった意見を聞くことにより、仮説力の幅が広がるからです。日常的に意識をし、気

付きを集めるようにしましょう。

④ 設 計 力

　設計力とは、ゴールを定め、その**ゴールまでの道筋や方向性を決定できる力**です。具体的には、Web サイトなどのゴールやそれを達成するためのKPI（重要業績評価指標）を決定し、KPI を測定するためのツールやデータを選定できる能力を指します。

　難しく聞こえるかもしれませんが、山登りの計画をイメージしてください。どの山に、どのようなルートで登るのか。そして、そのためには何が必要か。そういったことを決められる力があるか、ということです。

　ゴールを定めるには、ユーザーとビジネスに対する理解が不可欠です。これは、さまざまなフレームワークが理解を助けてくれます。

　さらに、どの指標を達成すればゴールに達したといえるのか、という数字への置き換えも必要なのですが、これには各指標を正しく理解することが求められます。また、その指標はどの解析ツールで取得できるのか、という各ツールへの理解も欠かせません。

　ユーザーとビジネス、各指標、各ツールについての理解を深めることが、設計力を高めることにつながります。

⑤ 施 策 実 行 力

　素晴らしい分析をしても、それにもとづいた施策を行わなければ何も生まれません。**施策を実行に移す（移させる）力**が必要です。

　企業に勤めている場合、施策を自由に行える環境は稀でしょう。上司やクライアントに、その施策の意義を説明し、納得してもらわなければ実施はできません。分析結果と施策を、論理的にわかりやすく伝えるよう心がけてください。

　そして、その施策を行うことによりどうなるか、という**未来の話を必ず**

するようにしましょう。結果をイメージできないものは、承認を得にくくなります。結果を完全に予測することは不可能ですが、その意識を持って話すことにより実行できる確率は上がります。

　また、施策実行のための環境整備も求められることがあります。社内のリソースが不足している、施策実行に手間がかかるといったことが障害になるケースがあるからです。パートナー会社を探す、手間を省くツールを見つけるなど、実行までのプロセスも整備できるよう、日頃から情報収集を行いましょう。

! まとめ

　Web分析・改善には情報収集力、情報発信力、仮説力、設計力、施策実行力が求められます。反対にいえば、Web分析・改善を行うことにより、これらの力を身に付けることが可能です。この5つの力は、その意味をしっかり理解し、日常的に意識することで育むことができます。

☕ Column │ 第6の力、「言語力」

　Web分析・改善に必要な力をもう1つ挙げるとすれば、「言語力」かもしれません。つまり、思考を正確に言語化できる能力です。

　Web分析・改善は、さまざまなデータを用いて仮説や改善案を立案します。このフローを分解すると、さまざまなデータをインプット・整理し、そこからどのような仮説や改善案があるかを思考して、言葉にしてアウトプットしているといえます。言葉にしてアウトプットしなければ、行動が促され、変化が生まれることはありません。つまり、言語化することもWeb分析・改善では求められるのです。

　思考を言語化するということは、その思考を自分の言葉や感覚で理解しているということです。そして、その思考が理解できているのであれば、もう一歩踏み込んだ思考も可能となり、課題や改善案に深みを持たせることができます。しかし反対に、理解していないことは言語化できません。

　Web分析・改善は、さまざまな人の協力が必要です。社内やクライアントに対して、言葉で必要性を説き、協力を仰がなければ、実行へと進めることができません。曖昧でつたない言葉で説明されても、協力しようという気持ちになりません。つまり、言語力がなければ、どれだけ素晴らしい結果が頭の中にあっても、実現することはないのです。

　Web分析・改善を進めるためには、思考を忠実に表現できるよう日常的に言葉を意識し、必要であれば語彙力を高めるようにしてください。

> Chapter **2**

Web戦略の基本

Webは独自の特徴がありますが、あくまでマーケティング活動の一部です。戦略・戦術を立てるためには、「知ること」がスタートラインになります。この章では、初めに知るべきことを解説し、その後に戦略と戦術の概要について触れていきます。

Section 01

Webもマーケティング活動の一部

　大きな視点で捉えると、Webはマーケティングの一部、1つの手段でしかありません。たしかにWebには独自の特徴があり、それを理解して戦略を立てることは重要です。しかし、あくまでマーケティング活動の一部ということを忘れてはいけません。

マーケティングとは何か

　企業には経営理念や経営ビジョンが存在します。これらは企業が何のために存在するのか、どうなりたいかを明文化したもので、たとえばAmazonは「地球上で最も顧客想いの企業となる」という経営理念を掲げています。

　経営理念や経営ビジョンは企業における最上位の概念で、その企業の目標ともいえます。そして、それを達成するために経営戦略が作られます。経営戦略にはいろいろな定義がありますが、単純にいえば、ヒト、モノ、カネをどう分配・配置するかを定めることです。この経営戦略のもとに、マーケティングが存在します (図2-1)。マーケティングは「売れる仕組みを作ること」です。言い換えれば、提供する商品やサービスが売れるような計画を作成するということです。

　上述の内容を反対から考えてみましょう。マーケティングがきちんと機能すれば、その企業の商品やサービスが売れるということになります。ただし、マーケティングはあくまでも売れる「仕組み」です。その仕組みを機能させるための何かを実行する必要があります。

　それが戦術や施策と呼ばれるものなのですが、手段を実行するためにはヒトが必要です。場合によっては、モノやカネが必要な場合もあります。また、そもそもマーケティングを計画するヒトも必要です。

図2-1 経営理念・経営ビジョン、経営戦略、マーケティングの関係

　こういったヒト、モノ、カネが最適に分配、配置され、マーケティングが効果的に機能すれば、企業は安定的で持続的な成長を遂げ、経営理念や経営ビジョンを実現できます。このように**経営理念や経営ビジョン、経営戦略との一貫性を持った売れる仕組み**がマーケティングなのです。

Webマーケティングとは何か

　マーケティングが何かについて説明しましたが、それではWebマーケティングとは何を指すのでしょうか。答えは単純で、Webを中心に行われるマーケティング活動を指す言葉です。マーケティングの中の1つの手法がWebマーケティングともいえます。しかし、なぜ言葉が分かれているのでしょうか。それは、Webは従来のメディアと大きく異なる特徴があるためです。

　まず、Webはさまざまなデータを取得できます。これは従来のメディアにない大きな特徴で、どのデータをどのように活用するかがWebマーケティングでは重要となります。また、即時性もWeb独自の特徴です。リアルタイムに情報発信や更新が可能なため、どれだけ柔軟にすばやくPDCAを回せるかもポイントになります。

　特徴が異なると、本質は変わらないとしても、方法には変化を加えなければなりません。たとえば、走るという本質が変わらなくても、短距離走

と長距離走では走るペースも必要な筋肉の質も異なります。異なる特徴があるだけでなく、戦略上もWebは重要なメディアとなったため、マーケティングとWebマーケティングとして言葉が分かれているのです。

戦略と戦術

マーケティングの一部にWebがあると書きました。これは言い換えると、マーケティング戦略においてWebは戦術の1つといえます（図2-2）。

図2-2　Webはマーケティングの一部

端的にいうと、戦略は目標を達成するための道筋を考えること、戦術は目標を達成するための手段です。道筋が決まっていなければ、手段も決まりません。そのため、戦略から戦術を定めることが重要で、この順番を間違えてはいけないのです。

たとえば、登山をするときに、何も考えずに登ろうとする人はいませんよね。どのようなルートで登るのか、必要な装備は何か、天気がいい日程は、といったことを考えないと遭難する可能性すらあります。マーケティングとWebの関係も同様です。Webから考えるのではなくマーケティングから考える、そしてWebは戦術の1つだということを忘れないようにしましょう。

! まとめ

　マーケティングは経営理念や経営ビジョン、経営戦略と一貫性を
持った「売れる仕組みを作ること」と定義できます。そして、Webは
マーケティング活動の一部であり、一手段であり、マーケティングに
おける戦術です。Webは従来のメディアと異なる特徴があり重要です
が、マーケティングの中の一部であること忘れないようにしなければ
なりません。

Section 02

戦略も戦術も「知る」ことから始まる

　戦略も戦術も「知る」ことから始まります。知らずに立てた戦略や戦術は、失敗に終わることがほとんどです。戦略と戦術において「知る」べきことは何かを理解しましょう。

「知る」ことの重要性

　戦略や戦術を立てる最初の段階は、徹底的に「知る」ことです。当たり前ですが、人は知らないことはできません。そして、知らないことを思い付くこともありません。

　このように書くと、アイディアが浮かんだときは、知らないことを思い付いているのではないか、と考える方もいるかもしれません。しかし、アイディアの本質は、既知と既知の組み合わせです。つまり、知っていることを組み合わせることによって生まれるものといえます。

　つまり、知る量が少なければアイディアは生まれづらいといえます。戦略と戦術という言葉の意味を知らなければ、戦略や戦術を立てる意識すら生まれません。まずは「知る」こと、この意識を持ってください。

戦略で「知る」べきこと

　戦略を立てるうえで知るべきことは、大きく分けると4種類です。外部環境、顧客、自社、競合他社です（図2-3）。

外部環境	顧客	自社	競合他社
・PEST分析	・STP ・ペルソナ ・カスタマー 　ジャーニー	・3C分析 ・4P分析 ・4C分析	・3C分析 ・5フォース

図 2-3 戦略を立てるうえで知るべき4つのことと関連するフレームワーク

■外部環境を知る

　外部環境を知ることは、世の中の流れを知るということです。たとえば、スマートフォン対応されていないWebサイトは、いまの世の中に即していません。また、消費税が引き上げられると、消費行動に影響があることが予想されます。

　このような外部環境を知るためのフレームワークとして有名なものが、PEST分析です。政治（Politics）、経済（Economy）、社会・文化・ライフスタイル（Society）、技術（Technology）の頭文字を取ったもので、今後の世の中のトレンドについて仮説を立てる分析手法です。この4つの視点で世の中の流れを洗い出し、自社にとってプラスやマイナスとなる要因を整理します。そして、整理した結果から変化をつかみます。スマートフォンが世の中に大きな変化をもたらしたように、今後、世の中にどのような変化が起こるのか、それは自社にとって追い風なのか逆風なのかをPEST分析から読み取りましょう（図2-4）。

政治 (Politics)
政治的な変化によってどんな影響があるか？

経済 (Economy)
経済の変化によってどんな影響があるか？

社会 (Society)
社会的な変化によってどんな影響があるか？

技術 (Technology)
技術的な変化によってどんな影響があるか？

図2-4 PEST分析

■顧客を知る

　顧客を知らなければ、商品・サービスは売れません。顧客は商品やサービス自体を購入したいのではなく、自身の課題を解決したいから商品やサービスを購入しています。そのため、どんな属性の顧客がどのような課題を解決したいのかを知らなければなりません。

　顧客を知るフレームワークや手法には、STP（図2-5）、ペルソナ、カスタマージャーニーなどがあります。それぞれ、第3章で詳しく解説します。

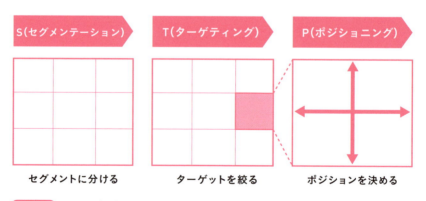

図2-5 STPの概念

■自社を知る

　顧客同様、自社を知らなければ、商品・サービスは売れません。まった
く知らない商品を売ってくださいといわれたら、無理だと思うでしょう。
自社の商品にはどんな強みがあって、誰のどのような課題を解決できるの
かを詳細に知らなければなりません。

　とはいえ、自分のことは自分ではわかりづらいものです。自社だけを見
るのではなく、他社と比較し、相対的な評価を行うようにしてください。

　自社を知るフレームワークとしては、3C分析、4P分析（図2-6）、4C分
析などがあります。

製品（Product）	製品の特長、品質、デザイン、サービスなど
価格（Price）	希望価格、卸値、割引条件、支払方法など
流通（Place）	流通経路、在庫、立地など
販売促進（Promotion）	広告、広報、営業など

図2-6 4P分析

■競合他社を知る

　新たな市場を創造しない限り、どの市場にも必ず競合他社は存在します。
そして、基本的には市場の総購買回数は限られており、そのシェアを競合
他社より高めなければ、自社の利益は向上しません。そのためには競合他
社を知り、自社の強みや戦略の方向性を考える必要があります。

　他社を知るフレームワークとして有名なものは、5フォースがあります
（図2-7）。

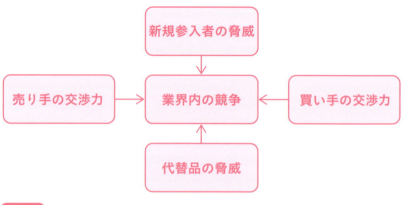

図2-7 5フォース

戦術で「知る」べきこと

　戦術で知るべきことは、戦術の種類と特徴です。たとえば、「営業部の強化」を戦略とした場合、戦術としては人員補充、配置転換などが浮かぶと思います。さらに、それに加えて、営業代行会社の活用、Webによるインバウンド施策も戦略に沿った戦術です。

　しかし、ここで「営業部の強化」という戦略が、「費用をかけずに新規クライアントを獲得したい」という文脈なのであれば、人員補充や営業代行会社の活用という戦術は戦略と合致しません。このように、異なる特徴を持った戦術を多く知っていることが重要になります。

　戦術の種類や特徴を知るためには、情報収集が欠かせません。現在は技術の進歩により、新しい手法がどんどん生まれています。情報収集の体制を構築するようにしましょう。

　また、事例を知ることも戦術の幅を広げてくれます。事例は、戦略から戦術への落とし込みと、その結果を描いているものが多いため、戦術の理解に役立ちます。ただし、成功事例だけではなく失敗事例も集めるようにしましょう。もちろん成功事例は参考になりますが、同じ結果を得られることは多くありません。成功事例は、その企業がそのタイミングで行った

からうまくいった例です。実施する企業もタイミングも異なれば、同様の結果は得られにくいといえます。反対に失敗事例は、その通りに行うとたいていは失敗します。不変性が高いものが多いため、集めることにより戦術の精度を高めることができます。

　一方、情報や事例を集めていると、それが発想の起点となってしまいがちです。基本は戦略が発想の起点です。戦略から考えること、これを忘れないようにしましょう。

> **！　ま と め**
>
> 　戦略の立案は、知ることから始まります。特に、外部環境、顧客、自社、競合他社の4種類を知ることが大切です。これらを知るために有用なさまざまなフレームワークがあるので活用しましょう。また、戦術の種類と特徴も知っておくべきです。日頃から情報収集し、いろいろな戦術を知るようにしてください。

Section **03**

戦略とは「知って」「見つけて」「組み立てる」こと

　先に述べたように、戦略の最初の入口は「知る」ことです。そして、その内容から自社の強みや方向性を「見つけて」、それをベースとしたプランを「組み立てる」こと、これが戦略です。

戦略の定義

　「知る」以降の段階を説明する前に、まず戦略という言葉を少し細かく定義してみます。戦略とは、目標を達成するための道筋を立てること、とすでに書きました。これをさらに分解してみましょう。

　目標を達成するために戦略は存在します。目標は企業によってさまざまですが、売上や利益という場合が多いでしょう。まずはこの目標を理解し、それに対して現在はどの地点にいるのかを知る必要があります。目標まではどれくらい離れていて、目標までの道のりはどのような環境で、自分たちはどんな武器を持っているかなどを知らなければ、目標までの道を描くことはできません。これが「知る」という段階です。

　現在地がわかれば、次は目標までどのような道を進むのかを考えなければなりません。基本的に、目標までの道は1つではなく複数あるため、自分たちにとって最良の道を見つける必要があります。このとき、「知る」ことが不足していると、どの道が最良なのかを判断できません。

　道が見つかったら、その道をどのように進むのかを組み立てていきます。旅行のしおりを作るときに、交通手段、休憩や食事のタイミングなどを組み立てるようなイメージです。ここまで完成すれば、あとは組み立てたプランを実行していきます。

　このように、戦略とは「知る」ことから始まり、次に目標までの最良の

道を「見つけ」、プランを「組み立てる」ことといえます。つまり、戦略とは「知って」「見つけて」「組み立てる」ことと定義できるのです（図2-8）。

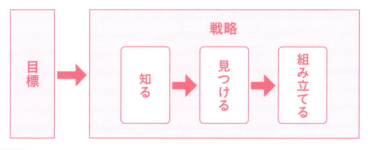

図2-8　戦略とは「知って」「見つけて」「組み立てる」こと

進むべき道を見つけるために

　ビジネスには競合他社が存在します。また、企業は長期的に利益を得る必要があります。競合他社と同じことを行っても、長期的な利益は生まれません。ほとんどの場合で価格勝負に陥り、利益が縮小してしまうからです。それを避けるためにも、他社にはない自社だけの強みや方向性（進むべき道）を探さなければなりません。これが「見つける」という段階です。

　自社だけの強みや方向性というと、自社視点で考えてしまいがちですが、それは誤りです。強みは顧客が感じる価値です。自社視点ではなく、顧客視点で見つけ出すようにしましょう。他社にはない強みのことを、差別化要因やUSP（Unique Selling Proposition）などとも呼びますが、簡単に真似できるものは強みになりません。真似ができないからこそ、価値が生まれるのです。

　強みを見つけるためには、「知る」ことが重要になります。強みが見つからないほとんどの原因は、「知る」ことの不足です。また、見つけた強みが本当に他社にないか検証するときにも、「知る」段階で集めた情報が役立ちます。

　つまり、「見つける」と「知る」の段階では、適宜戻りながら行うと効果

的です。「見つける」ために役立つフレームワークとしては 3C分析 があります。Customer（市場・顧客）、Competitor（競合）、Company（自社）の頭文字を取った分析手法で、汎用性の高いフレームワークです（図2-9）。

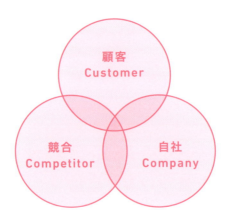

図2-9 　3C分析

プランを組み立てるために

　他社にない自社だけの強みや方向性を見つけたら、次は、それをベースとして戦略を具体化します。つまり、KGI（重要目標達成指標）、KPI（重要業績指標）、KSF（主要成功要因）を設計し、集客方法やサイト上の表現、追客方法、社内体制をどうするかなどを組み立て、実務に落とし込めるようにするということです。

　このときに、流行っているから、なんとなくよさそうだからなどの理由で手段を決めてはいけません。手段の選定基準は「見つける」で定めた強みや方向性です。

　「組み立てる」段階は、戦略を戦術に変換するためのステップともいえます。戦略はあくまで道筋であるため、実際に行動するための手段へとつなげなければなりません。

　ここで重要なことは、取捨選択の意識を持つことです。「戦略とは、何を

やらないかを決めることである」といわれることもあります。強みや方向性を定めた時点で、その他の強みや方向性、手段は捨てているといえるでしょう。たとえば、質のいい商品を高単価で販売することを強みとしたとします。それなのに、安売り施策をしてしまっては意味がありません。このようなことにならないよう、手段を選定する際は取捨選択の意識を持つようにしてください。

　戦略と戦術をつなげることについては、本章の05節で詳しく解説します。

！ まとめ

　戦略は「知って」「見つけて」「組み立てる」ことと定義できます。「見つける」ことは、顧客が価値を感じる自社独自の強みを「見つける」ということを表します。そして、その強みをベースに、目標を達成するための手段を「組み立て」ます。この「組み立てる」は戦略を戦術へと置き換えるステップといえ、戦略に沿った戦術を選べているかに注意してください。

Section **04**

戦術とは
「実行して」「育てる」こと

　戦術とは「実行して」「育てる」ことといえます。戦術は戦略の理解なしでは行えません。そして、戦術は戦略と同じように重要です。

ブレなく実行する

　戦略は「知って」「見つけて」「組み立てる」ことでした。これにより作られた具体的で実行可能なプランが戦術です。そのため、戦術の定義の1つは、このプランを「実行する」ことです。

　実行するうえで大切なことは、戦略を理解していることです。戦略は中長期的なもので、そう簡単に変更することはありません。しかし、戦術は日々実行され、状況に合わせて変化させなければなりません。この時間軸の違いにより、戦略と異なる戦術を実行してしまうことがあります。

　人間は目の前のものに集中しやすいので、どうしても中長期的なものを忘れてしまいがちです。そのため、戦略をしっかり理解し、ブレがないかを常に点検する意識を持ってください。

改善しながら育てる

　戦術を実行することにより、数値という結果を得られます。そして、結果からは気付きを得られます。この気付きをないがしろにしてはいけません。

　上述したように、戦略は中長期的なものですが、戦術は状況に応じて変化させる必要があります。結果が悪いとわかっているのに続けても意味はありません。それは戦術ではなく、ただの作業です。

戦術は目標を達成するための具体的な手段です。結果から気付きを得て改善を行い、目標に近づけるようにしましょう。つまり、戦術のもう1つの定義は「育てる」ことです（図2-10）。

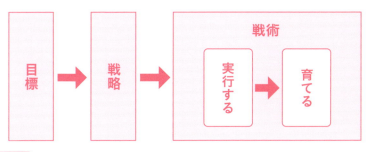

図2-10　戦術とは「実行して」「育てる」こと

　この「育てる」は、特にWebで大きな意味を持ちます。Webはさまざまなデータを取得できるので、多くの気付きを得られます。気付きの量が多ければ多いほど、育てるスピードと精度は高まります。

戦略と戦術の重要度

　戦略は「知って」「見つけて」「組み立てる」こと、戦術は「実行して」「育てる」ことと定義しました。ここで、戦略と戦術の違いをあらためて整理しましょう（図2-11）。

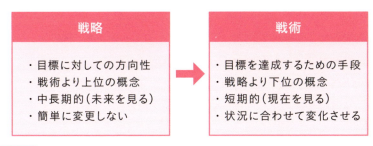

図2-11　戦略と戦術の違い

戦略は目標に対しての方向を指し示します。一方の戦術は目標に到達するための具体的な手段です。戦略から戦術が決まり、この逆は基本的にはありえません。戦略の方が上位概念だからです。

　そして、戦略は中長期的なものです。言い換えれば、未来に視点を置いています。戦術は実行することなので、短期的なものです。つまり視点は現在に置かれています。

　また、戦略はそう簡単に変更しません。方向性が次々と変わってしまうと、何を実行すればいいのかがわからなくなるからです。簡単に変更できてしまうような戦略は、作り込みが甘いといえるでしょう。一方、戦術は柔軟に変化します。状況に合わせて変化させなければ、目標に近づくのは難しいといえます。

　それでは、戦略と戦術、どちらの方が重要でしょうか。これにはいろいろな見解がありますが、本書では戦略と戦術の重要度は同じと考えます。

　もちろん概念としては戦略の方が上位で、戦術は戦略から作られます。しかし、戦略と戦術の両方がなければ価値は生まれません。どれだけ立派な戦略を作ろうとも、実行可能な戦術がなければ夢物語で終わってしまいます。どちらが欠けても意味をなさないと理解しましょう。

　往々にして、会議や打ち合わせは戦術の話に偏りがちです。イメージしやすいものの方が話しやすいので、そちらに偏ってしまうのです。常に、戦略と戦術のどちらの話をしているのか、また戦略と戦術のどちらを話すべきなのかを意識するようにしてください。

> **! まとめ**
>
> 　戦術とは「実行して」「育てる」ことと定義できます。実行するときは、戦略とのズレがないかを必ずチェックしてください。そして、さまざまなデータを取得できるWebだからこそ、結果から気付きを得て、戦術を「育てる」ようにしましょう。また、戦略と戦術の重要度は同じです。片方だけ重要視してはいけません。

Section 05

戦略と戦術をつなげる
フレームワーク

戦略と戦術は、連動しなければその力が発揮されません。うまく連動していないと感じた場合は、フレームワークを使ってみましょう。

戦略と戦術が連動しない理由

戦略を戦術に変換するために「組み立てる」段階があると述べました。しかし、ここがうまくいかず、戦略と戦術が連動しないことがよく起こります。まずは、その理由を説明しましょう。

■理由① 戦略を忘れる

理由の1つは単純です。戦術の組み立てをしているうちに、戦略を忘れてしまうからです。そんなばかな、と思われるかもしれませんが、経験則としてこれが最も多い原因です。人は集中すると、目の前のこと以外を忘れてしまいがちです。

そのようなことが起きないように、本書では戦略の中に戦術を考える段階（組み立てる）があると明記しています。「見つける」の段階に戻りながら、「組み立てる」を進めることを意識してください。

■理由② 方法を知らない

もう1つの理由は、「組み立てる」ために有用な方法を知らないからです。戦略と戦術をうまく連動させて組み立てるには、ある程度の経験が必要です。どの段階でも経験があることに越したことはありませんが、「組み立てる」段階は戦略と戦術という異なるものをつなぐため、特に経験が重要となるのです。

とはいえ、戦略を立てるという経験は、なかなか得られるものではありません。そこで、ロジックツリーとユーザーフローを活用することで経験を補うようにしましょう。

ロジックツリー

ロジックツリーは1つの事柄を分解するために使われるシンプルなフレームワークです（図2-12）。

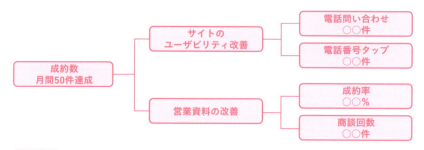

図2-12　ロジックツリーの例

このロジックツリーを使うと、目標に達するまでに顧客が取る行動を整理することができます。まず、一番左に目標（ゴール）を書きます。そして、その1つ前の行動には何があるか、それにつながる行動は何があるか、というように顧客の行動を思いつく限り洗い出します。このとき、自社の顧客像が明確であればあるほど、顧客の行動が思いつきやすくなります。反対にいえば、あまり行動の様子が想像できない場合は、顧客を知ることが不足しているといえるでしょう。

また、ブレインストーミングのように、チームや同僚など複数人で書き出してみると、発想が広がるのでおすすめです。

行動を洗い出せたら、それをツリー状につなげていきます。この際、目標（左側）から見ても、行動（右側）から見ても違和感なくつながっているか、またモレやダブリがないかをチェックしてください（図2-13）。

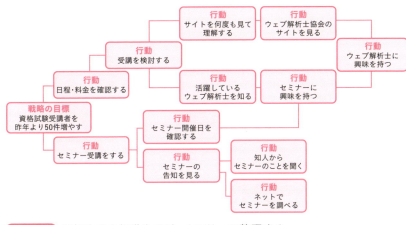

図 2-13　目標までの行動をロジックツリーで整理する

　これで顧客が目標に達するまでの、さまざまな行動を洗い出せました。この作業は、言い換えれば、前述した「組み立てる」段階を、顧客の行動に変換し、図にする作業といえます。しかし、これでは顧客の行動フローが多岐にわたってしまうため、戦術に落とし込むことができません。そこで次は、このロジックツリーを1つのフローにまとめましょう。

ユーザーフロー

　ロジックツリーでは、厳密にいうと「顧客が取りうる行動の可能性」を洗い出しました。次は、その行動の中でも、顧客が現実的に取るであろう行動の流れをいくつか抜き出してみましょう。
　各行動の流れを見比べて、最も現実的と思われるものをピックアップします。ここでピックアップした行動の流れが、顧客が目標に到達するまでの行動であり、自社が顧客に取ってほしい行動の流れ、すなわち「ユーザーフロー」といえます。そして、各行動を起こさせるためには、どういった施策が考えられるかを書き出していきます。この施策が、つまり戦術です（図2-14）。

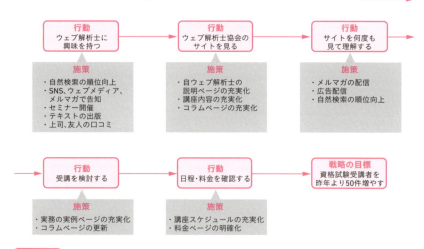

図2-14 ユーザーフローで戦略と戦術を結び付けて考える

　このように図にすることにより、戦略を意識しながら戦術を組み立てることができます。また戦略から戦術を組み立てる段階をロジックツリーとユーザーフローの2つの作業に分けることで、格段に考えやすくなります。

　また、戦術を見直すタイミングでもロジックツリーは活用できます。ピックアップした行動に誤りがないか、他に顧客が取る行動はないかをチェックすることで、戦略とズレがない別の戦術を組み立てることができるのです。「組み立てる」がしっくりこない場合は、ぜひ活用してみてください。

> **まとめ**
>
> 　戦術を考えるときに、戦略を忘れてしまうことがよくあります。そのため、適宜「見つける」の段階に戻りながら、戦術を組み立てるようにしてください。また、戦略と戦術をつなげるフレームワークとして、ロジックツリーとユーザーフローが効果的です。思考整理術の1つとして使ってみてください。

Section **06**

戦略の賞味期限
～戦略の見直し～

戦略にも見直さなければならないタイミングが存在します。それは、環境や結果による変化が生じた場合です。

戦略の見直し

戦略は中長期的なもので、そう簡単には変更しないものです。しかし、いつまでも変更されない戦略もありません。戦略にも賞味期限、つまり見直すべきタイミングがあるのです。賞味期限がすぎた戦略に固執しても、成果は生まれません。いまの戦略はまだ通用するのか、という意識を持つようにしましょう。見直すべきタイミングは、環境と結果の変化から知ることができます。

環境の変化に対応する

■内部環境は人の動向に注意

戦略を見直すべきタイミングの1つが、環境の変化です。ここでの環境とは、企業の内部・外部の両方を指しています。

まず、前者から考えてみましょう。内部環境の場合、戦略へ影響を与えるのは人の変化です。「企業は人なり」という言葉もあるように、企業は人の集合体だからです。

中でも、最も影響を与える人の変化は、人員が減ることです。これには、数と質の2つの側面があります。人員が大きく減った場合、戦略を継続できなくなることが多いです。極端な例ですが、Webの売上を伸ばすという戦略において、Webに精通した人がゼロになってしまえば、戦略の継続は

不可能です。また、その戦略におけるキーマンがいなくなっても同様です。このように、人の変化があったタイミングは、戦略を見直すタイミングとなる場合があります。

■外部環境はPESTと競合を注視

　次に、外部環境の変化です。PEST分析と同様に、政治、経済、ライフスタイル、テクノロジーの変化に注意してください。政治の変化の例として、新しい法律により制限が生まれることが挙げられます。また、経済の変化としては、デフレにより消費が控えられるなどがあります。このような外部環境の変化に戦略を適応させなければなりません。

　そして、特に注意が必要なのは、テクノロジーの変化です。なぜなら、テクノロジーによって市場自体が変化してしまうことがあるからです。たとえば、Uberの登場により、タクシー業界の各企業は戦略の変更を余儀なくされました。テクノロジーが急速に進化する現在において、他の業界で同じようなことが起こらないとはいえません。

　競合他社の変化も忘れてはなりません。競合他社は次の2つに分けられます。1つ目は直接競合で、自社と同じ商品やサービスを提供している他社のことです。もう一方の間接競合は、自社とは商品やサービスが異なりますが、顧客が同じ競合他社です。飲食店であれば、近隣の飲食店が直接競合にあたり、間接競合はテイクアウトや出前、コンビニなどが当てはまります。これらは、飲食店とは異なる商品・サービスを提供していますが、食事をしたい人が顧客です。このように、顧客に同じ価値を提供している企業は、すべて競合といえるのです（図2-15）。

　競合他社を注視しなければならない理由は、競合他社の変化より、自社の戦略が成り立たなくなることがあるからです。競合他社が画期的な商品やサービスをリリースし、それが自社の強みを喪失させるものであったとしたら、どうでしょうか。昔の例ですが、1990年代のビデオカメラ業界では、ソニーとパナソニックが市場シェアを二分していました。そこにシャープが参戦し、あっという間に25%のシェアを奪ったのです。理由は、ビデ

競合	
同じ便益を顧客に提供している企業	
直接競合	**間接競合**
自社と同じ商品やサービスを提供して いる企業 例）飲食店の場合 　　・近隣の飲食店	自社とは異なる商品やサービスを同じ 顧客に提供している企業 例）飲食店の場合 　　・テイクアウト 　　・出前 　　・コンビニ

図2-15 直接競合と間接競合

オカメラに液晶画面を付けたことで、操作性を向上させたからだといわれています。

　このような状況になると、戦略を見直すしかありません。競合他社の新商品や新サービスはチェックし、自社の戦略にどう影響するかを考えるようにしましょう。

結果による変化に対応する

　環境以外に、戦略を変化させる要因は結果です。繰り返しになりますが、戦略は目標を達成させるために存在します。結果が出ず、目標を達成できない戦略に意味はありませんが、すぐに変更するものでもありません。まずは、その結果をもたらした原因を探ることが重要です。戦術の実行方法に原因があるかもしれませんし、組み立てたプランに原因があるかもしれません。

　いまや戦略において、Webの活用は欠かせません。そして、Webは分析が得意分野です。Web上のデータから結果を分析し、適切な戦略変更のタイミングをつかむようにしましょう。データ分析の方法については、第8章を中心に解説しています。

059

! まとめ

　戦略は中長期的なもので、そう簡単に変更しないものです。しかし、環境や結果が変化することで、見直さなければならないタイミングは必ず訪れます。環境の変化、結果の変化に注意して、適切なタイミングをつかむようにしましょう。

💻 Column │ 変化のパターンを読む

　変化には、「特異性が高いもの」と「規則性があるもの」の2種類があります。これはデータ上のことだけではなく、外部環境などの大きな変化にも当てはまります。

　特異性が高い変化とは、それまでの行動や生活を一変させてしまったり、新たな行動や生活を生み出したりするような変化を指します。たとえばスマートフォンによる変化は、特異性が高いといえます。このような変化を予測することは、なかなかできることではありません。しかし、規則性のある変化であれば、ある程度予測することは可能です。

　さて、規則性のある変化とは、いままでに繰り返されてきた変化であり、パターンが存在するものです。たとえば、ファッションのトレンドはこのタイプで、あるトレンドの次はこれがトレンドになる、というパターンが存在します。このようなパターンを理解するためには、変化を点として捉えるのではなく、線として捉えなければなりません。そして、その変化がなぜ起こったのかという必然性や必要性を考えることにより、変化のパターンへの理解が深まります。

　完璧に予測することはもちろんできません。しかし、規則性のある変化をある程度でも読めるようになれば、格段に戦略の見直しがしやすくなるでしょう。

> Chapter

3

Web分析・改善の 第一歩「会社と ユーザーを知る」

会社とユーザーを知ることが、Web分析・改善の第一歩です。ユーザーに評価されている自社の強みを理解し、改善に必要なポイントを把握しましょう。そのために活用するとよいフレームワークや、Webのビジネスモデルについても解説します。

Section 01
会社とユーザーを知るべき理由とは

　会社とユーザーを知らなければ、Web分析・改善を行うことはできません。そのためのさまざまなデータは、Webで取得することが可能です。

会社を知る

　会社を知らなければ、Web分析・改善どころか、何の施策も行えません。会社を知るための方法は第2章でも紹介しましたが、それは戦略を知るために概要をつかむということでした。Web分析・改善のためには、図3-1のような会社のWebの状況も把握する必要があります。

Webサイト	アクセス 解析ツール	その他ツール
・目的 ・コンテンツ ・ナビゲーション 　など	・セッション数 ・ページビュー数 ・直帰率 ・離脱率 　など	・Web広告 ・CRMツール ・接客ツール 　など

図3-1 Web分析・改善のために知っておくべき情報

　もしサイトが複数ある場合は、それぞれの目的を把握することから始めましょう。次に、サイトの構造を理解します。どういったコンテンツがあって、どのようなナビゲーションとなっているかをチェックしてください。サイトの構造を理解し、コンテンツやナビゲーションの意図を捉えることで、その会社への理解を深められます。

　Googleアナリティクスなどの計測ツールを使用しているのであれば、

セッション数などの数値やその推移は必ず知っておかなければなりません。数値は状況の把握に役立ちます。ポイントは、単に数値を眺めるのではなく、比較することです。年間の各数値の推移や前年比は、会社のトレンドの理解につながります。たとえば前年との比較は「いま」の状況把握になるでしょう。

また、Web広告の実施有無や、その他ツールの導入状況なども大切な情報です。これらはなんらかの意図があって実施・導入されたものなので、背景を理解する助けになります。可能であれば、導入したことによる結果もわかればベターです。コンサルティングなど他社のWebを改善するような場合は、既存の広告やツールの結果を知らないと、効果的な改善方法の提案はできません。まずは、さまざまな情報を集めることに努めてください。

ユーザーを知る

■思い付きの施策にならないために

商売の基本は、誰に、何を、どう売るかです。商売の起点は「誰に」の部分なので、これが欠如すると商売は成り立ちません。ここではその「誰に」、つまり顧客についての定義を行ってみましょう。

顧客の定義の1つとして、競合と比較したときに自社を最も評価してくれた人というものがあります。継続して評価してくれれば、その人はファンとなって長いお付き合いができ、企業は継続的な利益を得られるのです。自社をあまり評価していない人も顧客と考えてしまうと、真の顧客像がぼやけてしまい、戦略も立てづらくなってしまいます。

もしユーザーの理解なしに、Web分析・改善を行うとどうなるでしょうか。絶対に失敗します。数値はユーザーの行動の結果ですが、ユーザーを知らなければその意図を読み解くことはできません。数値から仮説を立てて、改善案を立てるようなことは不可能といえるでしょう。もし改善案を立てられたとすれば、それは経験則からきたものか、思い付きの案です。

Web分析・改善の目的は、事業に成果をもたらすことです。思い付きで行うのではなく、精度が高く、成果をもたらす可能性が高い施策を考えるようにしましょう。

■Webだからわかるユーザーの情報
　ユーザーを知る具体的な方法は次節で詳しく書きますが、ここではWeb特有の内容を説明します。
　ユーザーを知ることができる、最たるWeb特有のデータは**キーワード**です。サイトに訪問するときに使ったキーワード（自然検索キーワード）は、ユーザーのニーズそのものといえます。現在では、セキュリティとプライバシー保護の観点から、Googleアナリティクスなどではキーワードの取得がほとんどできません。しかし、Googleサーチコンソールを使えば、ある程度キーワードを把握することが可能です（図3-2）。

図3-2 Googleサーチコンソールの利用例

　このようなツールを使い、キーワードからユーザーのニーズを把握してください。

　また、アクセス解析ツールなどにより、よく見られているページから、ユーザーにとって魅力的なページとは何かを把握できます。ユーザーの年齢、性別、閲覧地域なども取得可能で、SNSであれば「いいね！」の数なども参考にすることができます。デモグラフィック（年齢・性別）なデータは推定値となりますが、このようにWeb上のデータを活用して、ユーザーを知るよう努めてください。

> **！ まとめ**
>
> 　サイトやWeb上のツール、実施施策とその結果など、Webだからこそわかるさまざまな情報を集め、会社を深く知ることが大切です。また、同様にデータやWeb上のツールを活用し、どのようなユーザーが自社を最も評価してくれる顧客となるのかを知るようにしましょう。

Section **02**

フレームワークを利用する
メリットと効果的な組み合わせ

　フレームワークを利用することで、論理性を高めることができます。また、フレームワークは、社内はもちろん、社外においても共通言語となりえます。さらに、組み合わせて使用することにより、会社とユーザーへの理解を深めてくれます。

┃ フレームワークのメリット

　フレームワークは、経営学者や経営コンサルタントがビジネスを分析するために作り出した「考え方の枠組み」です。有名なフレームワークとして、すでに本書でも触れた3C分析、4P分析、5フォース、PEST分析などがあります。

　フレームワークを使用するメリットの1つは、筋道を立てて論理的に物事を把握できるということです。Web分析・改善をするうえで、論理性は欠かせません。積極的にフレームワークを活用し、論理性を高めてください。

　また、世の中にはいろいろなフレームワークがありますが、まずは自分が使いやすいと感じるものを使うようにしましょう。フレームワークの使用には慣れが必要で、だんだん精度やスピードが向上します。まずは1つのフレームワークを繰り返し使って、体に覚え込ませてください。

　フレームワークのもう1つのメリットは、共通言語となることです。多くの場合、事業領域や戦略、戦術の解釈は人それぞれです。多様性の面から考えると一概に悪いことではありませんが、解釈が異なるとコミュニケーションのズレが生じてしまいます。Web分析・改善を進めるには、さまざまな人の協力が必要です。自社のWebであれば、上司やその他の部署

の協力が必要ですし、クライアントに対して行う場合は、相手方の協力が不可欠です。このとき、コミュニケーションのズレは大敵といえます。

フレームワークの使用は、こういったコミュニケーションのズレを減少させます。フレームワークの使用に慣れている人とであれば、意思疎通が非常にスムーズになります。もちろん使用に慣れていない人もいますが、フレームワークは現状の理解を行うために作られた、わかりやすい考え方の枠組みです。相手が不慣れな場合でも、フレームワークを一緒に使ってみて、共通言語にできるよう挑戦しましょう。

STPとペルソナ

■自社の立ち位置を決める「STP」

STPはSegmentation（セグメンテーション）、Targeting（ターゲティング）、Positioning（ポジショニング）の頭文字を取った分析手法です。セグメンテーションで市場を細分化し、ターゲティングで細分化した市場から狙うべき市場を決めます。そして、ポジショニングで、その市場で自社が取るべき立ち位置を設定します。

ここでの市場とは、類似したニーズを持つ顧客層群を指します。言い換えると、STPは顧客層を分け、絞り込み、その顧客層の中での立ち位置を定めることといえます（図3-3）。

年齢	10代	20代	30代	40代	50代	60代
性別	男性	女性				
職業	会社員	専業主婦	バイト・パート	学生		
既婚／未婚	既婚	未婚				
居住地域	都市圏	市街地	田舎			
子供の有無	子供0人	子供1人	子供2人	子供3人以上		
こだわり	強い	普通	ない			
情報収集	雑誌	インターネット		口コミ	新聞	テレビ

図3-3 STPの例

069

■「ペルソナ」で理想の顧客像をイメージする

ペルソナとは自社の商品・サービスを利用する理想の顧客像です。ただし、設定したペルソナそのものが実在することはほとんどありません。しかし、ペルソナに向けた行動は、ペルソナと類似した顧客を集めることができるため重要です。さらに、ペルソナを決めることで顧客へ向けた行動にズレがなくなり、チームで共通認識を持つことができるというメリットもあります。

■STPとペルソナをうまく活用するには

STPは顧客層を分け、絞り、立ち位置を定めること、ペルソナは理想の顧客像を設計することと書きました。そのため、STPの「ST」の部分とペルソナは組み合わせて考えることが可能です。

まず、セグメンテーションとして、年齢、性別、居住地域、仕事、趣味など、顧客層を分ける切り口を洗い出します。ここでは、切り口を洗い出すことだけを考えてください。年齢は何歳か、などと考え出すと発想に制限がかかってしまうからです。

次はターゲティングです。セグメンテーションで挙げた切り口に対して、「20代、男性、居住地域は首都圏、IT企業の営業、釣りが趣味」といったように、理想の顧客像に当てはまるものはどれかを考えます。ここまでで、ペルソナの骨格はほとんど完成しています。

最後に、好き・嫌いなどの価値観や、平日・休日の過ごし方、写真など、ペルソナを具体的にイメージできるようにすれば完成です (図3-4)。ペルソナから作ろうとすると、どうしても発想が広がらず、足踏みしてしまいます。STPを利用すれば、筋道を立てて作成することができるのです。

家族構成	夫、子供1人
職業	グラフィックデザイナー
住所	大阪市内在住
年収	300万円
情報収集	インターネット
趣味	手芸
好きなこと	こだわっているもの
嫌いなこと	人と同じこと
価値観	人と同じことを好まない
平日の過ごし方	夕方まで仕事、その後、家事育児
休日の過ごし方	育児をしつつ手芸や趣味に没頭

林智子（30歳）（女性）

こだわりが強く、人と同じものを好まない性格。美大に通っていたこともあり、昔からものづくりに興味があったが、趣味として始めたのは最近。きっかけは、自分の嗜好に合うパスケースが見つからず、作ってみようと思ってレザークラフトを始めたこと。もともと革に興味があったわけではないが、作ることにより、革のよさを感じ始めている。自分が作ったものを褒められると嬉しく、暇があればレザークラフトで簡単なものを作っており、minneなどで販売できないかと考えている。ただ革を買いすぎると家計に響くため、そこがネックとなっている。ファッションやインテリアなどにもこだわりがあり、自分の好きなテイストで揃えている。

図3-4　ペルソナの例

4P分析と4C分析

■企業視点で考える「4P分析」

4P分析はProduct（製品）、Price（価格）、Place（流通）、Promotion（販売促進）の頭文字を取ったフレームワークで、企業が戦略や計画を立てるときに考えなければならない視点をまとめたものです。各語からもわかる通り、4P分析は企業視点で考えます。

■顧客視点で考える「4C分析」

反対に、4C分析はCustomer Value（顧客が得る価値）、Cost to the Customer（顧客の負担コスト）、Convenience（利便性）、Communication（コミュニケーション）の頭文字を取ったもので、顧客視点で戦略や計画の立案に必要な視点をまとめたフレームワークです。つまり、4P分析と4C分析は、対になっているといえるでしょう。

■4P分析と4C分析をうまく組み合わせるには

　この2つを組み合わせると、企業視点・顧客視点の両方から、自社の商品・サービスの整理ができます。言い換えると、4P分析で機能的価値を、4C分析で情緒的価値を整理することが可能といえます。

　機能的価値は商品・サービスそのものが提供する価値で、掃除機であれば掃除ができるといった機能そのものを表します。情緒的価値は、商品・サービスを利用することによって得られる心理的価値です。掃除機でいえば、部屋がキレイになって気持ちがいいなどです。

　現在では、この両方から商品・サービスを整理することが重要です。4P分析、4C分析を組み合わせて活用していきましょう（図3-5）。

4P分析（企業視点） 機能的価値	4C分析（顧客視点） 情緒的価値
・Product（製品） 　顧客に提供するモノ ・Price（価格） 　モノの価格 ・Place（流通） 　流通チャネル、品揃え、立地など ・Promotion（販売促進） 　広告、PR、販促など	・Customer Value（顧客が得る価値） 　商品、サービスからユーザーが得る価値 ・Cost to the Customer（顧客の負担コスト） 　ユーザーが支払う物理的・心理的コスト ・Convenience（利便性） 　買いやすさ、アクセスのしやすさ ・Communication（コミュニケーション） 　接触機会、コミュニケーション

図 3-5 4P分析と4C分析

！ まとめ

　フレームワークを使うことで論理性を高めることでき、関係者との共通言語にすることも可能です。ユーザー理解のためにはSTPとペルソナ、企業理解のためには4P分析と4C分析というように、フレームワークは組み合わせて活用することもできます。ただし、フレームワークの利用には慣れが必要です。まず自身が使いやすいものから、使い方を体に染み込ませてください。

Section 03

Webサイトの
ビジネスモデルを理解する

Web上のビジネスモデルは、大きく以下の4つに分類できます。

- イーコマース
- リードジェネレーション
- メディアサイト
- サポートサイト

どのようなサイトも、どれか1つの機能しか持ちえないというわけではありません。しかし、ビジネスモデルの種類を把握することは、事業の理解に役立ちます。

イーコマース

最もわかりやすいビジネスモデルがイーコマースです。Amazonや ZOZOTOWNなどが代表的で、通販サイトやECサイトとも呼ばれています（図3-6）。

イーコマースの特徴は、Web上でビジネスが完結することです。一般的に、イーコマースの成果地点は購入で、購入により売上が発生します。売上はビジネスの成果といえるので、Webとビジネスの成果が直結するビジネスモデルといえます。

図 3-6　イーコマースの例（ZOZOTOWN）

リードジェネレーション

　リードジェネレーションは、Web上でリード（見込み客）をジェネレーション（製造）するビジネスモデルです。つまり、Web上では見込み客の獲得までにとどまり、ビジネスの成果はそれ以降のステップを経てから生じます。

　わかりやすい例としては不動産のサイトがあります（図3-7）。サイトを見ただけで不動産を購入する人はいません。一般的には、資料請求や問い合わせがサイトのゴールとなります。

　問い合わせや資料請求後には商談があります。何回かの商談を重ね、納得してもらえれば成約となり、ここでビジネスの成果が発生します。このように、サイト上でビジネスの成果が発生しないビジネスモデルは、リードジェネレーションと呼ばれています。

　リードジェネレーションのサイトでは、どれだけWeb上の成果を伸ばしても、ビジネスの成果につながらない場合があります。資料の質が悪く商

談に至らない、営業方法に問題があり商談を何度行っても成約しないなど、Web以降のステップに課題がある場合があるからです。Web分析・改善の目的は、事業に成果にもたらすことです。そのため、リードジェネレーションの場合は、**Web以降のステップまで踏み込んで考える**必要があります。

図3-7　リードジェネレーションの例（SUUMO）

メディアサイト

メディアサイトの最もわかりやすい例はYahoo!でしょう（図3-8）。検索エンジンという側面もありますが、Yahoo!には経済やニュース、芸能やスポーツなどさまざまなコンテンツが存在しています。

このようなサイトのビジネスの成果は広告収益です。メディアサイトには、商品やサービスを宣伝するコンテンツやバナーなどが掲載されています。これがメディアサイトの収益源です。

メディアとしての価値が高くなければ、企業は広告を出しません。メディ

アサイトのWeb分析・改善を行う場合は、メディアとしての価値をどう指標化するかを考えることが重要です。

図3-8 メディアサイトの例（Yahoo! JAPAN）

サポートサイト

　サポートサイトは、Q&Aサイトなど、ユーザーのサポートのために存在するサイトです（図3-9）。サポートサイトのビジネスの成果は、顧客満足度とサポート品質の向上です。ユーザーが商品やサービスを利用するときに疑問や不安に思うことを解決できれば、顧客満足の向上だけでなく、販売にも貢献します。

　さらに、電話による問い合わせなどを介さずにサイト上で問題を解決してもらえれば、運営コストも下げられます。たとえば、コールセンターを外部委託しているとしましょう。コールセンターは、「電話対応1件あたりいくら」と計算していることが多いため、ユーザーから電話があればある

ほど経費がかかります。このような**運営コストを下げることもサポートサイトの目的の1つ**です。

図3-9　サポートサイトの例（パナソニック）

ビジネスモデルの理解

　1つのビジネスモデルの機能しか持たないというサイトはあまりありません。たとえば、イーコマースのサイトには、「よくあるご質問」などのコンテンツやコールセンターが設置されていることも多く、サポートサイトの側面も含んでいます。

　ビジネスモデルを理解するのは、ビジネスの流れを理解するためです。「リードジェネレーションだからWeb以降にもステップがある」、「メディアサイトだから広告収益をどう上げるかがポイントだ」など、ビジネスモデルを理解することでビジネスの流れがわかり、分析における着眼点や指標の設計に役立ちます。複数のビジネスモデルの機能を有しているサイト

でも、これは変わりません。複数のモデルの視点で考えればよいのです。

　反対に、ビジネスモデルへの理解がないと、複数の機能がある場合、そのサイトの目的を理解しづらいでしょう。4種類のビジネスモデルは忘れないようにしてください。

！ま と め

　Web上のビジネスモデルは、イーコマース、リードジェネレーション、メディアサイト、サポートサイトの4つに大別できます。ビジネスの理解に役立つため、サイトのビジネスモデルは必ず覚えておきましょう。ただし、1つの機能だけしか持たないわけではないことに注意してください。

Section **04**

事業の流れを知り、よさを見つける

事業のよさを見つけるためには、まず外部環境・内部環境を調査し、事業について知ることが重要です。そして、その内容を3C分析によって整理し、事業のよさを見つけ出してください。

外部環境を分析する

事業を知るには、まずその事業の外部環境を理解しなければなりません。そのための有用なフレームワークとしてPEST分析を紹介しました（第2章を参照）。

外部環境にはPESTの項目以外に競合他社が存在します。既知の競合他社はもちろんのこと、最近になって積極的に広告を出しているサイトや、検索エンジンで上位に表示されているサイトなども調査しましょう。どんなコンテンツが用意されているのか、キャッチコピーで何を訴えているか、メールやSNSは行っているのかなど、できるだけ多面的に把握してください。

また、競合他社を分析できるWebサービスも積極的に活用しましょう。SimilarWebを使えば、競合他社のセッションや直帰率などの概算数値を得られます（図3-10）。あくまで概算のため、数値の正確性には注意が必要ですが、傾向の把握には役立ちます。

競合他社の調査で最も大事なポイントは、ユーザー視点で見ることです。1人のユーザーとして競合他社の優れている点、劣っている点を見るように心がけましょう。

図3-10 SimilarWeb（https://www.similarweb.com/ja）

内部環境を分析する

　次に、内部環境を分析します。内部環境を分析するとは、強みを生み出す資源を洗い出すということです。商品やサービス自体なのか、働いている人なのか、ツールなのか、強みにつながりそうな資源をリストアップしましょう。

　また、Googleアナリティクスなどのアクセス解析ツールや広告管理画面のデータは、内部環境を知る助けになります。よく見られているコンテンツは何か、どの参照元からユーザーは流入しているのかなど、数値からヒントを得るようにしてください。

　クライアントワークを行っている方は、そのクライアントの主要なビジネスモデルを理解しましょう。

3C分析で攻めるべき事業領域を見つける

■3C分析とは

　3C分析は大前研一氏が考案した分析手法で、Customer（顧客）、Competitor（競合）、Company（自社）の頭文字を取ったフレームワークです。汎用性の高いフレームワークのため、いろいろな人に、さまざまな解釈で利用されています。3C分析では、顧客、競合、自社の3つの要素から考えることにより、その企業が戦うべき事業領域を見つけ出すことができます。

　分析の順番のセオリーは、「顧客→競合→自社」の順です。自社から分析してしまうと、どうしても自社が基準になり、顧客と競合の分析に偏りが出てしまいます。自社の強みは顧客が価値と感じる部分であり、相対的に決まるものです。顧客視点で考えられるよう、顧客から分析を始めるようにしてください。

　顧客を分析する際は、STPとペルソナを使ったり、Webの数値を利用したりして、分析に深みを持たせてください。また、競合は上述した内容に加え、直接競合や間接競合も洗い出せるとよいでしょう。自社の分析では、4P分析や4C分析も利用してみましょう。

　顧客、競合、自社の分析ができたら、3C分析の図に当てはめます。そして、顧客と自社のみが重なる部分はどこか（何か）を見つけ出してください（図3-11）。

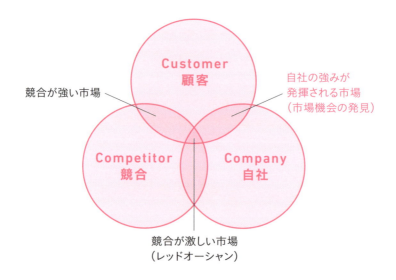

図3-11　3C分析

■市場機会を発見しよう

　競合と顧客が重なる部分は、競合が強みを発揮している市場です。競合が強い市場でわざわざ戦う理由はありません。また、顧客・自社・競合すべてが重なっている部分は、いわゆるレッドオーシャンです。顧客のニーズはあるが、競合も参入しやすい市場といえます。このような市場では、激しい価格競争が繰り広げられます。価格で戦うと利益が圧迫されるので、事業の縮小は避けられません。

　狙うべきは、顧客と自社だけが重なっている部分です。この部分は、顧客が自社の強みを感じている部分といえ、競合が参入しづらい市場です。これを見つけることを「市場機会の発見」ともいいますが、この部分が自社の強みとなります。

　3C分析は使いやすいですが、奥が深い手法です。自社の強みを発見できたと思っても、次の日に見ると間違っていると感じることは多々あります。顧客・競合・自社の分析結果を何度も行き来しながら、繰り返し行ってみ

てください。自分だけでなく、その事業に関わる誰が見ても納得感のある
自社の強みを発見するようにしましょう。

! まとめ

　事業の流れを知るために、外部環境・内部環境を分析しましょう。
その結果をもとに3C分析を行うことで、事業のよさを見つけることで
きます。3C分析は「顧客→競合→自社」の順で行い、顧客と自社のみ
が重なる部分を見つけ出してください。

Section **05**

ユーザーの行動を知り、顧客心理を理解する

ユーザーの行動を知ることで、ユーザーの理解が深まります。ミクロ解析やカスタマージャーニーを使い、ユーザーの行動を可視化し、理解するよう努めてください。

ミクロ解析

■ミクロなデータを活用するメリット

ユーザーを知るために、まずはペルソナを設計しましょう（本章02節を参照）。ペルソナ設計の際には、Web上で得られるデータも用いて、精度を上げるようにしてください。よく見られているコンテンツや、滞在時間が長い参照元、デモグラフィックなど、Web上のデータはペルソナの補強に役立ちます。

さて、ここまで書いたデータの種類は、マクロな視点でのデータです。ユーザーの行動を知るために、ミクロな視点のデータも活用しましょう。つまり、サイト全体の視点ではなく、ユーザー1人の視点で考えるということです。

ユーザー1人の行動から仮説を得るための分析がミクロ解析で、1人のユーザーをコンバージョンに導くことだけを考えます。そうすることで、マクロな視点ではわからない課題を発見できるのです。もちろん、ユーザーの行動を追うことで、ユーザーへの理解も深まります。

以前までは、有料のツールでなければミクロ解析は行えませんでした。しかし、いまではGoogleアナリティクスのユーザーエクスプローラという機能で実施できます（図3-12）。

084

図 3-12　ユーザーエクスプローラ（Googleアナリティクス）

■ミクロ解析の具体的な方法

　具体的な分析手法を紹介しましょう。まず、対象期間の中から、どのユーザーの行動を追うかを決定します。このとき、1セッション1ページしか見ていないユーザーの行動を追っても、何の気付きも得られません。「訪問回数5回以上で、コンバージョンに至ったユーザー」など、気付きを得られそうな条件を設定し、対象となるユーザーを選定しましょう。

　次に、閲覧経路を分析していきます。閲覧したページの特定だけではなく、閲覧した順番、各ページの滞在時間、閲覧している環境などに注目してください（図3-13）。それにより、利用シーンや訪問目的、知りたいこと、興味を持っていること、課題に感じていることなどについて仮説を立てられます。その仮説から、そのユーザーをコンバージョンに導くための施策を考えるのです。

　ミクロ解析で得られた気付きは、Webに関わる人以外にも有益です。マクロなデータからの課題をいわれても、Webと関係ない人はなかなかピンときません。しかし、1人の顧客が感じている課題となれば、イメージが湧きやすく、共感を得られやすいものです。ミクロ解析の結果は、積極的に他部署にも共有するようにしましょう。

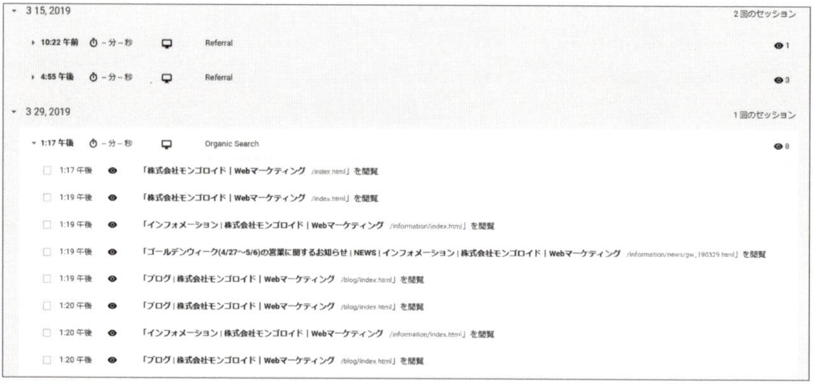

図3-13 閲覧ページと経路を調べる

カスタマージャーニー

■カスタマージャーニーを考えるメリット

　ユーザーの行動を知るためのフレームワークとして有名なのは、カスタマージャーニーです。ユーザーを定義し、そのユーザーが商品・サービスを認知し、興味を持ち、企業の最終目標に到達するまでを旅になぞらえて分析することから、この名前が付きました。カスタマージャーニーではそれに加え、ユーザーの行動傾向とその思考、心理変化も考えます。

　カスタマージャーニーは、社内やクライアントとの共通認識にするために、マップとして可視化されることがあります（これをカスタマージャーニーマップという）。形式はさまざまですが、ユーザーの行動を時系列に分け、そのタイミングごとに接点やユーザーの行動、体験、心理的変化を分類し、図示します（図3-14）。

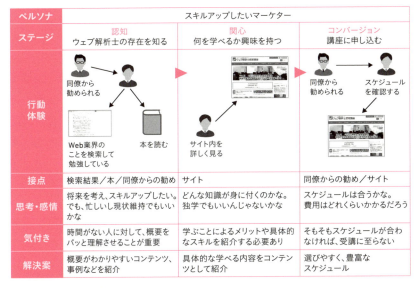

図3-14 カスタマージャーニーマップの作成例

■カスタマージャーニーマップの作成手順

　カスタマージャーニーマップの作成は、ペルソナの設計から始まります。ユーザーの行動を追うフレームワークのため、ペルソナがまず必要なのです。

　次に、ユーザーの行動範囲を決定します。範囲が広すぎると正確に把握できません。どこで最初の接点を持って、ゴールをどこに設定するかを考えてください。決めた範囲の中でユーザーの行動をステップ化します。慣れないうちは、3〜5つぐらいのシンプルなステップがおすすめです。

　ステップができたら、そのステップごとに企業とユーザーの接点を洗い出します。そして、その接点でユーザーが課題に感じることを洗い出し、施策へと落とし込んでいきます。

カスタマージャーニーとユーザーフロー

　カスタマージャーニーと第2章で取り上げたユーザーフローは一見似ていますが、もちろん違いがあります。カスタマージャーニーは、顧客の行動から心理を把握しようとするフレームワークです。心理変化を促す解決策を考えるところにポイントがあります。一方のユーザーフローはあくまで行動に焦点を定めて、それを促すための具体的な戦術をセットで考えます。

　どちらか一方を使うというよりも、両方をうまく組み合わせながら、ユーザーの行動とその理由を深く理解するよう心がけましょう。

！ まとめ

　ユーザーを理解するために、その行動を理解しましょう。そのためには、ミクロ解析やカスタマージャーニーが便利です。どちらもユーザー視点で行うようにしてください。

☕ Column ｜ アクティブユーザーモデル

　本章で紹介した4種類のビジネスモデルの他に、最近はアクティブユーザーモデルという新しいモデルが現れています。これはアプリやオンライン上の継続利用型サービスのことを指し、サブスクリプション型と都度課金型の2種類に分かれます。

　サブスクリプション型の代表的なサービスは、Apple MusicやNetflixなどです。これらのサービスでは、商品そのものを購入しているわけではなく、期間に応じて利用権を購入しています。端的にいうと、定額の料金を支払っている間は、そのサービスを利用できるようなビジネスモデルです。このサブスクリプション型のビジネスモデルは、企業にとっては安定的に利益を得られるというメリットがあるため、広がりを見せています。

　都度課金型の代表的なサービスはアプリゲームです。ゲーム内のアイテムやコインをユーザーに都度購入してもらい、その収益がビジネスの成果となります。

　どちらのビジネスモデルも、「サービスを頻繁に使うユーザーを増やすこと」、「そのユーザーの中でも料金を支払うユーザーを増やすこと」、そして「継続的に利用してもらうこと」が重要です。そのため、売上や会員数、継続率などを目標値とすることが多いです。今後はアクティブユーザーモデルのサイトやアプリが増えることが予想されるため、いまのうちにそのビジネスモデルを理解しておきましょう。

> Chapter

4

いろいろな指標の
意味と活用方法

誤った分析を行わないためにも、指標の意味は正しく理解しておく必
要があります。この章では、アクセス解析ツールや Web 広告などで
よく使われている指標をまとめて解説します。各指標の計算方法も紹
介しているので、あわせて頭に入れておきましょう。

Section 01
指標の意味を正しく理解する

　Webには、さまざまな指標が存在します。横文字の指標や3文字略語が多いため、理解に苦しむこともあるでしょう。しかし、指標はその意味や計測方法まで正しく理解しなければなりません。指標の理解を誤ると、分析も誤ってしまうからです。まず、基本的な指標とその計測方法を見ていきましょう。

▌セッション

　セッションとは、Webサイトにアクセスしたユーザーが、サイト内を閲覧し、離脱するまでの一連の行動をまとめたものです。一連の行動をまとめた、というところがポイントで、単にサイトを訪れた数ではないことに注意してください。このセッションをカウントしたものはセッション数や訪問数と呼ばれます。

　セッションとは、サイトを訪問し離脱するまでを指すため、ページ間の移動が一連かどうかを計測できなければなりません。この同一セッションかどうかの把握は、基本的にクッキーで行われています。クッキーの説明は割愛しますが、クッキーが異なると同一セッションと見なされません。これを「セッションが切れる」といいます。

　アクセス解析ツールごとにセッションが切れたとするタイミングは異なります。一般的なアクセス解析ツールでは、単にWebサイトから去った（ブラウザを閉じた）だけではセッションは切れません。別のWebサイトを閲覧後に、計測対象のWebサイトを訪れても、セッションは継続していると見なされます。ただし、同じページが30分以上表示され続けるとセッションが切れたと判断されるツールが多いです。しかし、Googleアナリ

ティクスは特殊で、対象のWebサイトを離脱するとセッションが切れてしまいます。自社で使用しているツールの仕様は確認しておきましょう。

ページビュー数

「ページをビュー（見る、眺める）した数」という名前の通り、ページを閲覧した数を表します。略してPV数とも呼ばれます。ページビュー数はアクセス解析ツールのタグ（トラッキングコード）が読み込まれ、解析ツールのサーバーにデータが送られることによりカウントされます。

ページビュー数に関連する指標として、平均ページビュー数、ユニークページビュー数があります。平均ページビュー数は、1セッションあたり何ページを閲覧したかを表す指標で、「ページビュー数÷セッション」で計算されます。ユニークページビュー数はページ別訪問数とも呼ばれ、1セッションあたりにそのページを閲覧したユニークなページビュー数を指します。たとえば、「ページA→ページB→ページA」と遷移したセッションがあった場合、Aのページビュー数は2、ユニークページビュー数は1とカウントされます。

ユーザー数

一定期間のうち、Webサイトを訪れた訪問者数のことをユーザー数といいます。たとえば、あるユーザーがある期間のうちに2回サイトを訪問した場合、セッション数は2ですが、ユーザー数は1と計測されます。

ユーザー数は人の数として捉えがちですが、実際にはブラウザの数です。ユーザーの識別には、一般的にクッキーが利用されており、クッキーはブラウザに付与されます。利用するデバイスが異なればブラウザも異なるため、クッキーも異なるものと判断されます。つまり、同じ人がPCとスマートフォンでアクセスすると、ユーザー数は2とカウントされます。

ユーザー数に関連する指標として、新規ユーザー数やリピーター数があ

ります。前者はその名の通り、Webサイトに初めて訪問したユーザーを指します。新規ユーザーが増えれば、新規獲得のための活動が成功したといえます。もう1つのリピーターは、Webサイトを過去にも訪問したことがあるユーザーを指します。ただし、リピーターか否かの判定はクッキーによるため、100%の精度で判定することはできません。クッキーが削除されていたり、クッキーの有効期限が切れていたりする場合は、新規ユーザーと認識されてしまうためです。

　イーコマースでは、よく新規購入者やリピート購入者を把握しますが、この新規、リピートの判断基準は購入したことがあるかどうかです。アクセス解析ツールの新規ユーザー、リピーターとは意味が異なることに注意してください。

▍直帰率

　直帰率の基本的な考え方はシンプルです。直帰とは、サイト訪問時に最初に見たページから移動せず、サイトから離脱してしまうことを指します。
　直帰率はその割合を指し、「直帰数÷セッション数」で計算されます。この計算方法はサイト全体を考えたときの計算方法で、ページごとに直帰率を把握する場合は計算方法が異なります。ページごとに算出する場合は、「そのページの直帰数÷そのページから閲覧を開始したセッション数」となります。
　直帰率が高いページは、その1ページでサイトからユーザーを離れさせてしまっていますので、改善が必要です。直帰率が高くなる原因は、ユーザーが求めていることとページの内容がミスマッチしているからです。つまり、そのページと合わないユーザーを流入させている、ページの内容が理解しづらいなどが原因である場合が多いでしょう。

離脱率

　Webサイトから移動したり、ブラウザを長時間閉じたりして、セッションが切れたことを離脱といいます。離脱率とは、サイトに訪問したが、あるページを最後にそのサイトから離脱した率を指します。

　離脱率が高いページも改善が必要です。ただしもちろん、購入完了ページや資料請求完了ページなど、最終的にユーザーに到達してほしいページの離脱率が高くても問題はありません。

　離脱率の計算方法は、「離脱したページビュー数÷ページビュー数」で計算されます。直帰率と異なり、ページビュー数で計算することに注意してください。離脱率をセッション数で計算すると、離脱率が100％以上となってしまうなど、数値がおかしくなってしまいます。直帰率と離脱率は、その意味も計算方法も異なることを覚えておいてください。

指標	計算方法
平均ページビュー数	ページビュー数÷セッション
直帰率（サイト全体）	直帰数÷セッション数
直帰率（特定ページ）	そのページの直帰数÷そのページから閲覧を開始したセッション数
離脱率	離脱したページビュー数÷ページビュー数

図4-1 代表的な指標の計算方法

！ まとめ

　指標の意味を正しく理解しなければ、分析結果が誤ったものとなってしまいます。そのため、セッション、ページビュー数、ユーザー数、直帰率、離脱率などの指標の意味だけでなく、その計算方法もしっかり理解するようにしましょう。

Section **02**

解析ツールで覚えておきたい指標とその活用方法

アクセス解析ツールを活用する際に知っておくべき指標を解説します。ここからは専門用語が増えてきますが、重要なものばかりなのでしっかり覚えておきましょう。

ディメンションとメトリクス

アクセス解析ツールのデータは、ディメンションとメトリクスという視点で整理が可能です。

ディメンションとは、データの集計項目です。たとえば、日別、ページ別、参照元別といったデータを集計するときの項目をディメンションといいます。そして、メトリクスはデータの指標です。セッション、ページビュー数、ユーザー数といった数値や割合を指します。

「ある項目ごとに、ある指標が見たい」という場合の、「ある項目」がディメンション、「ある指標」がメトリクスと理解するとわかりやすいでしょう。

セグメントとフィルタ

アクセス解析ツールで、データをフォーカスして見るための機能として、セグメントとフィルタがあります。

セグメントとは、ユーザーの行動を特定の条件で絞り込む機能です。たとえば、タブレットから流入したユーザーの行動だけ見たい場合などに活用します。絞り込んだセグメント同士での比較も可能です。

フィルタは、特定の条件に合致するデータを含めたり、除外したりする

機能です。トップページの数値のみを見たい場合などに使われ、データを簡易的に絞り込みたいときに使われます。

加重直帰率

直帰率は改善対象のページを洗い出すときに重要な指標です。しかし、直帰率が高いだけでは、改善対象を決める理由としては少し足りません。

たとえば、セッション数10、直帰率が90％というページがあったとします。このページの改善は必要でしょうか。実はこの情報だけでは判断できません。セッション数が10しかないのであれば、それは単に誤差の可能性もあります。このページ以外に、セッション数1,000で直帰率75％といったページがあれば、そちらを改善すべきです。つまり、そのページを改善することでサイトにもたらす、効果の大きさで判断しなければなりません。

直帰率の改善は、サイトにおけるページの重要度を加味して判断すべきといえます。その重要度を加味した直帰率を加重直帰率といいます。基本的には、「（直帰率×そのページのページビュー数）÷サイト全体のページビュー数」で計算されます。この計算方法はアクセス解析ツールごとに異なるので注意してください。

回遊離脱率

離脱率に関連する指標として、回遊離脱率があります。回遊ページとは、ランディングページ後に閲覧した一連のページ群です。そして、直帰しなかったが、フォームページに至らなかった率を回遊離脱率と呼びます（図4-2）。つまり、ランディングページではなく、フォームまでの導線に問題があるかどうかを確認するための率といえます。

また回遊離脱率は、ページビュー数ではなく、セッション単位で計算するので注意してください。「100％－（フォーム到達数÷（セッション数－直帰数））」で計算されます。

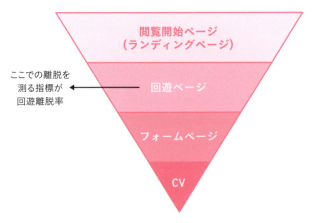

図4-2 回遊ページと回遊離脱率

離脱改善指標

離脱率は、「直帰しなかったがサイトのゴールにたどり着かなかった率」といえ、導線の見直しに活用可能な指標です。ただ、直帰率と同様、離脱率の高低だけで改善に着手するかを判断してはいけません。

離脱率で改善対象を洗い出す場合でも、そのページの重要度を加味して把握する必要があります。そのための指標が離脱改善指標です。離脱改善指標は、「(離脱数−直帰数)^2÷そのページのページビュー数」で計算されます。

離脱数の中には、直帰数も含まれています。なぜなら直帰も離脱の一種だからです。そのため、離脱改善指標の計算では、直帰ではない離脱を区別するために、離脱数から直帰数を引いています。これにより、直帰ではなく、実際に離脱した数での率を計算できます。

また、トラフィックが多いページを強調できるように二乗しています。加重直帰率同様、そのサイトにおいて重要度が高いページから改善できるよう、離脱改善指標を活用しましょう。

ユーザーの訪問頻度と訪問回数

　訪問頻度は、最後にサイトを訪れてから何日後に再訪問したかを意味します。訪問回数は当然ですが、サイトに何回訪問したかという意味です。この2つをコンバージョン数と掛け合わせることにより、ユーザーの傾向を把握することが可能です。

　訪問頻度が増えるにつれてコンバージョン数が多くなる場合、ユーザーの検討期間が長いといえます。すぐ購入を決めてほしいような商材の場合は改善を検討します。

　また、訪問回数が多くになるにつれてコンバージョン数が多くなる場合は、比較検討されているといえます。Webにより情報取得が容易になっているため、ユーザーが購入を検討する際にはどうしても比較されてしまいますが、訪問回数が極端に多い場合は注意してください。

　訪問頻度と訪問回数を重ねて分布すると、極端にユーザー数が減っている訪問頻度や訪問回数を発見できることがあります。つまり、そのタイミングでユーザーの興味関心が失われていると考えられます。対策として、長く興味関心を持ってもらえるような施策が必要かもしれませんし、その頻度・回数までにコンバージョンに至る施策が必要な可能性もあります。このように、訪問頻度と訪問回数からはさまざまなヒントが得られます（図4-3）。

指標	計算方法
加重直帰率	（直帰率×そのページのページビュー数） ÷サイト全体のページビュー数
回遊離脱率	100％－（フォーム到達数÷（セッション数－直帰数））
離脱改善指標	（離脱数－直帰数）^{2}÷そのページのページビュー数

図4-3 解析ツールで覚えておきたい指標の計算方法

! ま と め

　アクセス解析ツールの指標の中には、課題や改善を考えるうえで活用しやすいものがいくつか存在します。そのような指標は覚えるようにしましょう。ただし、指標はあくまで指標です。その指標を改善することにより、どれだけ改善のインパクトがあるかを念頭に置くことが大切です。

Section **03**

Web広告で覚えておきたい指標とその活用方法

Web広告の指標は実施の有無にかかわらず、必ず理解するようにしましょう。どの指標を重要とするかは、求める広告効果によって異なります。

Web広告の基本指標

Web広告の指標は、アクセス解析ツールの指標とは異なります。いまWeb広告を実施していなくても、Webに携わるものとして基本指標は常識といえます。

■インプレッション

Web広告が表示された回数のことを指します。表示回数やimpなどとも呼ばれます。

■クリック

Web広告がクリックされた回数を指します。基本的に、広告がクリックされると広告主のサイトへと遷移します。なお、広告管理ツールのクリックとアクセス解析ツールのセッション数は仕様が異なるため、同じ値にならない場合が多いことに注意してください。

■CTR（Click Through Rate）

Web広告がクリックされた割合を指し、クリック率とも呼ばれます。「クリック÷インプレッション」で計算されます。

■CPC（Cost Per Click）

クリック課金型のWeb広告において、1クリックあたりにかかるコストを指し、クリック単価とも呼ばれます。「広告費÷クリック」で計算されます。

■CVR（Conversion Rate）

CV（コンバージョン）に至った率のことで、「CV÷クリック」で計算されます。アクセス解析ツールでは「CV÷セッション数」で計算され、広告管理ツールとは計算式が異なります。

■CPA（Cost Per Action／Cost Per Acquisition）

広告経由で1CV獲得にかかった広告費を指し、「広告費÷CV」で計算されます。Web広告の費用対効果を表すため、重要視される指標の1つです。しかし、CPAばかりに気を取られると、CV数の減少につながることもあるため注意しましょう。

CTRやCPAのように、Web広告の基本指標は自分でも計算できます。この計算式は必ず覚えるようにしてください（図4-4）。計算式がわかると、各指標が連動していることを理解できます。慣れてくれば、上記以外の方法で指標を計算することも可能です。たとえばCPAは、「広告費÷CV」の他に、「CPC÷CVR」でも算出可能です。

指標	計算方法
CTR（Click Through Rate）	クリック÷インプレッション
CPC（Cost Per Click）	広告費÷クリック
CVR（Conversion Rate）	CV÷クリック （アクセス解析ツールの場合は、CV÷セッション数）
CPA （Cost Per Action／Cost Per Acquisition）	広告費÷CV または　CPC÷CVR

図4-4　Web広告で覚えておきたい指標の計算方法

指標は求める広告効果によって決める

どの指標を重視するかは、その広告に求める効果によって異なります。Web広告の効果は、インプレッション効果、トラフィック効果、レスポンス効果の大きく3つに分かれます（図4-5）。

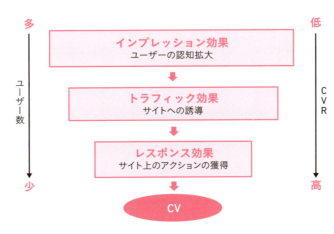

図4-5　Web広告の3つの効果

■インプレッション効果と指標

インプレッション効果は、ユーザーの認知拡大や興味を誘うことが目的です。そのため、ここで重要となる指標はインプレッションです。

またそれ以外に、フリークエンシー（Frequency）という指標も確認するようにしましょう。フリークエンシーは、1ユーザーあたりに何回広告が表示されたかを表します。高ければよいというわけではなく、ユーザーにとって適切な回数を考えて設定してください。

■トラフィック効果と指標

トラフィック効果はサイトへの誘導が目的となるため、重要な指標はクリック、CTR、CPCです。クリックでサイトへの誘導量を測り、CTRで広

告がユーザーに適切にクリックされているかを測ります。また、CPCから
そのクリックが適切な価格なのかも確認するようにしましょう。

■レスポンス効果と指標

　レスポンス効果は、購入や問い合わせ、資料請求などサイト上のアクショ
ンの獲得が目的です。そのため、CV、CVR、CPAが重要な指標となりま
す。広告経由の流入がCVにつながっているのか、そしてそのときのCVR
やCPAから獲得効率も測るようにしましょう。

Web広告とクリエイティブ

　ユーザーの情報リテラシー向上に伴い、Web広告の認知度も高まってい
ます。ユーザーはそれが広告であることを認識しており、不快に思われて
しまえば、宣伝している商品やサービスが利用されることはないでしょう。

　そのため、その商品やサービスを求めているユーザーに適切なタイミン
グで、適切なクリエイティブを表示する必要があります。タイミングにつ
いては、今後テクノロジーの進化によって叶えられることでしょう。

　つまり、重要なのはクリエイティブです。適切なタイミングで広告が表
示されたとしても、クリエイティブが不快では意味がありません。今後の
ためにもクリエイティブのテストを繰り返し、理解を深めましょう。

　クリエイティブのテストで重視される指標はCTRのみではありません。
たとえよくクリックされていても、獲得につながらなければ、どこかに不
快の種が埋まっているということです。CVRや他の指標も確認し、クリエ
イティブの精度を上げることの重要性は増しています。

！ まとめ

　Web広告の基本指標は必ず覚えるようにしましょう。どの指標を重
要視するかは、その広告に求める効果によって異なります。広告効果
はインプレッション効果、トラフィック効果、レスポンス効果に分け
られ、それぞれの目的と重要指標を理解することが大事です。

Section **04**

ビジネスの基本指標とソーシャルメディアの基本指標

　Web分析・改善は事業に成果をもたらすために行います。そのため、ビジネスの指標への理解は必要です。また、ソーシャルメディアは、いまや生活に深く根付いており、ビジネスと結び付けて考えることが不可欠となっています。

▌売上・原価・粗利

　企業の目的の1つは、利益を伸ばすことです。さてここで、利益とはどういうものを指すのか、あらためて理解してみましょう。

　ECサイトで考えると、1,000円の商品が1つ売れると、売上は1,000円ですね。もちろん、商品には原価があります。原価は、仕入費用や開発費用など内容はさまざまですが、一般的に物理的な商品には原価が必ず発生します。このECサイトの商品の原価が400円だとすると、原価は企業が支払う金額のため、企業に残るお金は　売上1,000円−原価400円＝600円　となります。この600円が粗利、または売上総利益と呼ばれるものです。

　いうまでもありませんが、どれだけ売上が上がろうとも、粗利が上がらなければ事業は縮小してしまいます。売上も大事ですが、粗利も常に意識しましょう。利益には、営業利益、経常利益、税引前利益、当期純利益などもあります（図4-6）。

利益の種類	説明	計算方法
営業利益	粗利（売上総利益）から、人件費や家賃、販管費など、販売費および一般管理費を差し引いたもの	売上総利益－販売費および一般管理費＝営業利益
経常利益	営業利益に、本業以外の損益の営業外収益、営業外費用を合わせたもの	営業利益＋営業外収益－営業外費用＝経常利益
税引前利益	経常利益に、一時的に発生した利益や損失である特別利益、特別損失を合わせたもの	経常利益＋特別収益－特別損失＝経常利益
当期純利益	税引前利益から、支払う税金の額を引いたもの	税引前利益－税金＝当期純利益

図 4-6 利益の種類と計算方法

ROASとROI

ROASはReturn On Advertising Spendの略で、投資した広告費によって、広告経由の売上がどれだけ生まれたかを測る指標です。ROASの計算式は、「広告経由の売上÷広告費×100」です。

たとえば、広告経由の売上が100万円、かかった広告費が50万円とすると、広告経由の売上100万円÷広告費50万円×100＝ROAS 200％ と計算できます。これは、1円の広告費に対して2円の売上が発生したということを意味しています。

ROIはReturn On Investmentの略で、投資したコストによって、どれだけの利益が生まれたかを測る指標です。「利益÷投資コスト×100」で計算されます。

たとえば、5万円を投資して利益10万円を生んだとすると、利益10万円÷投資コスト5万円×100＝ROI 200％ と計算できます。これは、1円投資すると2円の利益が発生するということを意味しています。

ROASとROIは売上や利益まで考えた指標です。近い指標としてCPAが

ありますが、CPAはCVの設定地点によって売上や利益につながらない場合もあります。リードジェネレーションの場合、資料請求が成果地点となるので、そのCPAは売上や利益に直結しません。

エンゲージメント(エンゲージメント率)

エンゲージメント（engagement）は、約束や契約という意味です。マーケティング用語としては、ユーザーと企業の結び付きを指し、ユーザーとの関係性を示すものとして用いられています。ソーシャルメディアの登場以降、指標として使われるようになりました。

ソーシャルメディアでのエンゲージメントは、企業の投稿などに対してのユーザーのアクションです。Facebookでいえばいいね！やコメントなど、Twitterでいえばリツイートやフォローなどがエンゲージメントということです。この割合を表したものがエンゲージメント率で、一般的にこの率が高いほど、企業への愛着が高いといえます。

企業がソーシャルメディアを活用する目的は、主にファン作りのためです。ソーシャルメディアは双方向のメディアのため、ユーザーとの交流に向いています。この点から、エンゲージメント率はソーシャルメディアを運用するうえで、フォロワー数より重要な指標といえます。なぜなら、フォロワー全員がファンかどうかはわからないからです。

たとえば、プレゼントキャンペーンにより集まったフォロワーは、本当のファンではないユーザーも含まれているでしょう。プレゼントに意味がないわけではありませんが、ファンではないフォロワーばかり集めても、本来の目的から遠ざかってしまいます。

リーチとインプレッション

リーチとインプレッションは似ている指標のため、意味を混同しがちです。インプレッションは、投稿や広告が表示された回数を表します。そし

107

て、リーチは広告や投稿が表示されたユーザー数を表しています。たとえば、あるユーザーに同じ投稿が2回表示された場合、インプレッションは2、リーチは1となるということです。

リーチとインプレッションは、エンゲージメント率の計算に対しても使われますが、どちらを用いるかは各ソーシャルメディアで異なります。そのため、リーチとインプレッションの理解を間違えると、エンゲージメント率を見誤ってしまうので気を付けましょう。

！ ま と め

アクセス解析ツールやWeb広告の指標だけではなく、ビジネスの指標やソーシャルメディアの指標も理解しましょう。ビジネスの指標では、売上、原価、粗利を見るのは必須です。ソーシャルメディアでは、エンゲージメントについて特に理解するようにしましょう。

Section 05
指標の基準値を持つ

1つの数値だけを見ても、気付きは得にくいものです。自分の中の基準値と比較し、すばやく気付きを得られるようにしましょう。

基準値を持つ意味

数値を有効活用するには、比較しなければなりません。離脱率50%といわれても、それがよいのか悪いのかを判断するには、何かと比べる必要があります。

しかし、常に数値の比較ができる状況とは限らないでしょう。たとえば、作られたばかりのサイトではデータが貯まっておらず、昨年や前月との比較はできません。また、アクセス解析ツールをこれから導入するというケースもあると思います。

このような状況でも、数値から改善箇所の目星を付けられるよう、自分の中で指標の基準値を持つようにしてください。ここでいう基準値とは、数値の良し悪しを判断する目安となったり、数値の傾向を把握できたりするものです。基準値を覚えておけば、すぐに気付きや数値の矛盾を発見できます。

基準値を作るためのヒント

基準値を作るためには経験が必要です。さまざまなサイトの数値を見たり、分析したりすることによって、基準はわかるものだからです。しかし、経験を積みましょうで話を終わらせては本書の意味がありません。そこで、ここでは基準値を作る際のヒントを紹介します。

基準値を作るための経験をカバーできるものは、なんといっても情報収集です。たとえば筆者は、ECサイトのカート離脱率の基準値を70%としていますが、これは2017年の世界平均[※]を参考にしています。このように発表されている平均値などのデータは多くあるので、情報収集によって基準値の目安を得ることが可能なのです。

　自社やクライアントのサイトの平均値も有用です。初めて基準値を設定するときは、年ごとの平均値をまとめ、それを暫定の基準値として活用するとよいでしょう。このとき、そのサイトがECなのか、リードジェネレーションなのかなど、ビジネスモデルごとに区分して平均値を出すようにしてください。なぜかというと、一般的にECは既存顧客の購入が多くCVRが高くなる傾向にあり、反対にリードジェネレーションでは検討期間が長い商材が多いため、ECサイトよりもCVRが低くなる傾向にあるからです。特にクライアントワークをしている人は、さまざまな業種・業態のサイトを分析できる強みを活かして基準値を作っていってください。

　また自社サイトを運営していて、広告代理店など外部の会社と関係がある場合、そこの担当者に聞いてみるのも方法の1つです。それでも判断がつかない場合は、「50%より上か下か」で大まかな傾向をつかむといいでしょう。たとえば、直帰率の良し悪しの判断がつかない場合、60%なら「少し悪い」とするようなことです。もちろんこれはだいたいの傾向を知るために使うものなので、基準値として定着させないよう注意が必要です。

　このように情報収集をもとに基準値を考え、さらにそれを判断の拠りどころにして経験を積んでいきましょう。施策の結果を即時に確認できる環境だからこそ、判断を繰り返し行い、自分の中の基準値をアップデートし続けることが重要なのです。

（※）出典：Baymard Institute（https://baymard.com/lists/cart-abandonment-rate）

基準値の注意点

　基準値は便利ですが、注意しなければならない点もあります。まず、サイトのビジネスモデルや状況によって、数値が大きく変わることです。さらに、ユーザーを取り巻く環境によっても変動します。数値はユーザーの行動の結果のため、環境が変われば必然的に数値も変動します。現在ユーザーの行動は常に変化しているため、基準値はあくまで目安として活用するようにしてください。

　また、数字は一人歩きするものです。基準値を伝えたばかりに、社内やクライアント内でその基準値が絶対だ、となってしまうことがあります。基準値が唯一無二ものとなってしまうと、誤った改善が行われたり、必要な改善ができなかったりします。基準値は便利ですが、縛られないようにしましょう。

情報収集はスキルアップの近道

　先ほど情報収集の大切さを述べました。情報源は英語であることが多いですが、さまざまなサイトでいろいろな指標の平均値が発表されていますし、私が参加しているウェブ解析士協会でも基準値を毎年改定しています。

　経験はもちろん重要ですが、経験できる瞬間を待ち続けるだけでは時間がもったいないといえます。精度を上げるためにはたくさんの人の知見に触れることが不可欠です。積極的に情報収集を行い、自分からスキルアップしていきましょう。

! まとめ

気付きのスピードを高めるために、自分の中に各指標の基準値を持つようにしてください。ただし、基準値はあくまで目安です。状況によって数値は変わるため、こだわりすぎないようにしましょう。

☕ Column｜メールマーケティングの指標

ソーシャルメディアやメッセンジャーが普及していますが、いまでもメールを活用したプロモーションは有効です。また、メールマーケティングの指標はソーシャルメディアやメッセンジャーにも応用できるため、ぜひ覚えるようにしましょう。

メールマーケティングで重要な指標は、到達数、開封率、クリック率、コンバージョン率です。到達数は、配信したメールの総数から、届かなった配信や迷惑メールになった数を除いた、実際に届いた数を指します。

開封率は、到達したメールのうちユーザーがメール本文を閲覧した率です。開封率が低い場合、メールの題名や上部の本文がユーザーの興味を引かない内容だったと考えられます。

クリック率は、メール本文のリンクをクリックし、サイトへ訪れた率です。メール本文が魅力的であったり、クリックする動機を付与できていたりすると向上します。反対に、クリック率が低い場合はメール本文や内容に課題が存在するといえます。

コンバージョン率は、メールからサイトへ訪れ、コンバージョンした率です。コンバージョン率は配信ユーザー、メール本文、リンクとサイトのコンテンツの関係によって上下します。どの関係に課題があるのかをテストしながら探り、課題を特定するようにしましょう。

> Chapter

5

マーケティング視点で分析・改善計画を立てる

計画立案では、目的に沿って計画を数値にまで落とし込む必要があります。目的達成に向けた数値を設計するポイントを理解しましょう。また、ビジネスモデルによって計画立案の内容は異なるため、それぞれ事例を交えて解説していきます。

Section 01
計画は事業目的から逆算する

計画は目的から逆算して立てます。目的を考えずに立てた計画は、計画とはいえません。数値にまで落とし込んでこそ、計画立案といえます。

計画立案とは

計画は目的を達成するための仕組みです。目的から逆算すると、いつまでに、何を、どれくらい実行すればよいのかが見えてきます。これが計画立案の基本です。また、計画立案をするときは、計画が順調に進んでいるかを測る指標も定めます。この指標がKPIと呼ばれるもので、次節で詳しく説明します。

たとえば、あるイーコマースの目的が月間売上100万円だったとしましょう。現状は毎月のセッション数が10,000、客単価5,000円、購買率1%だったとします。目的を達成するためにはさまざまな手段がありますが、セッション数を増やして売上を達成しようと考えました。売上からセッション数を逆算すると20,000必要となり、それを達成するための施策を実行します（図5-1）。これが目的から計画を立案するということです。

図5-1　目標と計画

計画立案に必要な6つの要素

　計画は中長期にわたる場合もあります。たとえばサイトの改善を施策とした場合、サイトによってはすぐに実行することはできず、3カ月から1年間程度のプランを立てて、改善することになります。そのような場合は、以下の要素を確認しましょう。

■①事業目的

　事業目的によって追い求める指標は変わります。イーコマースであればコンバージョンですし、リードジェネレーションであれば問い合わせ数や資料請求数、商談率や成約率の計測も必要です。サポートサイトであればサポートページの満足率やサポートにかかるコスト、メディアサイトであればセッションやページビュー数が重要となります。

■②目標売上、達成時期

　計画立案時には、売上の目標値は必須です。また、達成時期も考えるようにしてください。期限がなければ計画が立てづらく、目標自体も曖昧になってしまう可能性があります。

■③客単価

　基本的に売上は、「客単価×客数」で計算されます。つまり、目標売上に達成するためには、客単価か客数のどちらか、または両方を伸ばさなければなりません。そのため、現状の客単価を把握しておきましょう。ただし、客単価を伸ばすことは簡単ではありませんので、その点に注意して計画を立案してください。

■④コンバージョン率

　コンバージョン率は購買率や転換率とも呼ばれますが、1回の訪問に対してコンバージョン（成約）する確率のことを指します。コンバージョン率が上がれば、当然コンバージョン数は増加します。コンバージョン率を上げるためには、流入ユーザーの質を上げる（関心を高める）か、サイト内の離脱を減らすことが施策として考えられます。

■⑤流入数

　流入数を増やしても、コンバージョン数は増加します。コンバージョン数は「流入数×コンバージョン率」で計算されるからです。流入を増やすには、メールマガジン、SEO、ソーシャルメディアなどの活用が考えられます。また、広告により流入数を増やすことも可能です。

　しかし、流入数を増やすとコンバージョン率が下がることが多いです。流入数を増やすと、関心度の低いユーザーも増えるからです。

■⑥サイトの目的に関わる指標

　サイトのビジネスモデルによって、売上の計算方法は変わります。

　イーコマースではわかりやすく、売上は「コンバージョン数×客単価」で計算されます。リードジェネレーションはWeb上で売上までは発生しないので、商談・成約というステップを踏んで売上が発生します。そのため、基本的には「コンバージョン数×商談率×成約率×客単価」で計算されます。メディアサイトは広告収益が売上です。一般的には、流入数に応じて売上が変動します。

　このように、目的が異なれば、売上の計算方法も異なります。何をサイトの成果（＝コンバージョン）とするかを目的から考えて、設定するようにしてください。

! ま と め

　計画は、目的から逆算して立案することが基本です。そして、事業によって目的は変わります。そのため、ビジネスモデルの把握から事業目的を理解し、その目的に沿った計画を立案するようにしましょう。

Section **02**

KGI、KPI、KSFを理解する

Web分析・改善によって事業に成果をもたらすためには、どのような指標を追えば目的が達成されるかを設計する必要があります。その指標を設計するうえで重要なKGI、KPI、KSFという3つのものを理解しましょう。

KGIとは

KGIはKey Goal Indicatorの略称で、日本語では「重要目標達成指標」といいます。つまり、最終目標が達成されているかを測るための指標です。

たとえば、イーコマースで来年は売上を20%アップするという目標を立てたとしましょう。今年の売上が5,000万円だとすると、20%アップさせた6,000万円がKGIです。「20%アップ」だけだと、具体的な金額がわかりません。このようにKGIは、誰にでもわかりやすく納得感を持てるように設定することが重要です。

KPIとは

KPIはKey Performance Indicatorの略称で、日本語では「重要業績評価指標」といいます。つまり、最終目標を達成するために必要なプロセスを評価するための指標で、KGIから掘り下げて設定します。

KSFとは

KSFはKey Success Factorの略称で、日本語では「主要成功要因」といいます。CSF（Critical Success Factor）と呼ぶこともあり、KGIやKPIを

達成するうえで決定的な影響を与える要因を表します。つまり、**KGIやKPIを達成するための要素や施策のこと**といえます。

KGIとKPIとKSFの関係性

　KGI、KPI、KSFの意味を説明しましたが、おそらくこれだけでは理解しづらいでしょう。そこで、言葉の意味だけではなく、関係性も理解するようにしてください。先ほどのイーコマースを例に考えてみましょう。

　まず、KGIは事業の目的から設定します。ここでは「売上20%アップ」です。前述の通り、今年の売上が5,000万円だとすれば、KGIは6,000万円と設定できます。

　次に、KGIを達成するために何が必要かを考えます。イーコマースにおいて売上を上げるための施策は、流入数を増やす、コンバージョン率を上げる、客単価を上げるなどが考えられます。この施策たちがKSFです。どの施策を採用するかは、その事業の状況によって変わります。ここでは仮に、流入数を増やす施策が最適だと考えたとしましょう。

　そして、KGIを達成するためには、流入数をどれだけ増やす必要があるのかを、いままでの数値をもとに計算します。今年の平均客単価が10,000円、コンバージョン数が5,000件だとすると、KGIを達成するにはあと1,000件のコンバージョンが必要だとわかります（目標売上6,000万円÷客単価10,000円＝必要コンバージョン数6,000件）。

　さらに、コンバージョン率が1%だとすると、コンバージョン数1,000件÷コンバージョン率1％＝流入数100,000と計算でき、流入数を100,000増やせば、KGIは達成されます。つまり、この流入数を100,000増やすことがKPIです。

　KGIを分解し、そのKGIを達成するための施策がKSF、そのプロセスの到達度合いを測る指標がKPIです。**KGIは目標、KSFは施策、KPIは数値の形で表される指標**と考えると理解しやすいです（図5-2）。

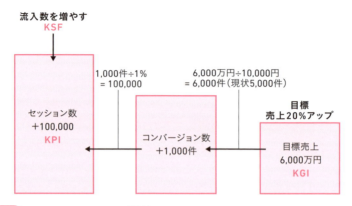

図5-2　KGI、KPI、KSFの関係

ライフタイムバリューとは

　KPIの1つとして、ライフタイムバリュー（Life Time Value）があります。略称のLTVや、日本語で顧客生涯価値とも呼ばれます。企業が将来にわたり、顧客との関係の中で得ることができる予測的価値利益の合計を表します。端的にいえば、中長期的に1人の顧客からどれだけの利益が発生するかを数値化したもので、イーコマースでよく使われている指標です。

　たとえば、1,000円の利益が発生する商品を平均6回リピート購入する顧客が20％いるとした場合、ライフタイムバリューは、1,000円（初回購入）＋1,000円×6回（リピート購入）×20％（リピート購入する顧客の割合）＝2,200円となります。この数値を言い換えると、1人の顧客を獲得することにより、2,200円の利益が発生する見込みがあるということです。

　ライフタイムバリューの考えがなければ、顧客1人の獲得にかける費用を間違える可能性があります。先ほどの例でいえば、ライフタイムバリューを考えないと商品価格の1,000円以下で獲得しなければならないと思ってしまい、機会損失が生まれるかもしれません。Webでもリピート購入者の訪問を追えますので、ライフタイムバリューもKPIの1つとして活用しましょう。

! まとめ

　KGIは事業の目的から設定される、目標が達成されているかを計測するための指標です。そして、そのKGIを達成するための施策や要素がKSFにあたります。KPIはKSFの達成度合いを測る、数値で表される指標です。このように各用語の意味はもちろん、その関係性もしっかり理解するようにしましょう。

Section **03**

イーコマースの計画立案

　ここからは、ビジネスモデル別に計画立案の方法を詳しく説明します。まず、最もわかりやすいイーコマースから見ていきましょう。イーコマースはWeb上でビジネスが完結するモデルのため、イメージがつかみやすいです。

イーコマースの計画立案の基本

　前節の例をもとに、イーコマースの計画立案の基本を再確認しましょう。
　まずKGIの設定です。「売上20％アップ」が目的で、今年の売上が5,000万円だとすると、売上6,000万円の達成がKGIです。
　次にKGIを分解します。イーコマースの売上は「コンバージョン数（Web上の成果）×客単価」です。イーコマースのコンバージョンは購入にあたります。このイーコマースの平均客単価が10,000円だとすると、売上6,000万円を達成するためには、6,000件のコンバージョン数が必要と算出できます。
　さらに、コンバージョンを分解します。コンバージョンは「流入数×コンバージョン率」で計算されます。つまり、イーコマースの施策は、流入数を増やすか、コンバージョン率を上げるか、客単価を上げるか、大きくこの3つに分けられます。ここでは、流入数の増加を施策とします。コンバージョン率が1％だとすると、必要な流入数は、コンバージョン6,000件÷コンバージョン率1％＝流入数600,000と計算できます。この流入数600,000がKPIです。
　そして、この流入数を達成するために、広告を行うのか、SNSでキャンペーンを行うのか、メールマガジンを配信するのかなど施策へと分解し、

どの施策でどれだけ流入させるかを決定します（図5-3）。

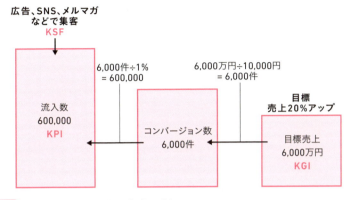

図 5-3　イーコマースの計画立案の例

事例：適切なKSFを見極めるためにKGIを見直す

　上述した例は、流入数を増やすことをKSFとしたわかりやすいものでした。実際の事例から別の計画立案を見てみましょう。

　あるサイトから、Web広告を実施したいという相談がありました。Web広告を実施すると流入数は増えるので、売上が上がる可能性は高くなります。しかし、本事例ではWeb広告を実施しませんでした。その理由は意地悪などではなく、流入数を増加させるのとは異なる施策を用いた計画を立案したからです。

　Web広告を実施したい理由をヒアリングすると、売上が減少しているためでした。売上減少の解決策として、流入数増加はもちろん間違いではありません。しかし、まずは現状を正しく把握することが重要で、短絡的に流入数を増やしてはいけません。このサイトをアクセス解析ツールで分析すると、流入数はほとんど減少していませんでした。自然検索（検索エンジンからの検索結果のうち、広告以外の部分のこと）からの流入がほとんどで、主要な検索キーワードでの自然検索順位も上位にあり、競合他社に

シェアを奪われている感じはしません。そのため、売上減少の引き金は流入数ではなさそうでした。

次に、コンバージョン率の推移を確認すると、ある時期から、コンバージョン率が下がっていることが判明しました。つまり、これがこのサイトの課題だったのです。サイトを確認すると、度重なる商品追加やページの修正により、ナビゲーションが煩雑になってしまっていたのです。

現状を把握できれば、計画立案ができます。このサイトの当面の目的は、売上の回復です。つまり、KGIは好調だったときの売上と設定できます。次はKSFの設定です。しかし、まだここまでの考えだけでは、Web広告による流入数増加がKSFという可能性は残ります。コンバージョン率が下がっていたとしても、流入数を増やせば売上は増加するからです。

これでは施策の優先順位を論理的に決められません。そこで客単価の推移を見たところ、こちらも減少傾向でした。当たり前ですが、Web広告を行うにはお金が必要です。この状態でWeb広告によって売上を伸ばしても利益は下がり、事業としては縮小してしまいます。そのため、KGIを利益の回復とし、KSFをサイトの改善としました。そして、KPIは好調なときのコンバージョン率と設定し、サイトの具体的な改善策を洗い出すことにしました。

省略している部分はありますが、実際の計画立案はこのような流れで行われています。重要なことは、計画立案の前に現状を把握することが欠かせないという点です。イーコマースの計画立案はわかりやすいからといって、現状把握をおろそかにしないよう心がけましょう。

! まとめ

イーコマースはサイト上の成果が売上となるため、計画立案が行いやすいビジネスモデルです。しかし、行いやすいからといって、現状把握をおろそかにしてはいけません。計画を考える前に、必ず数値から現状を把握するようにしてください。

Section 04
リードジェネレーションの計画立案

リードジェネレーションはWeb以降に商談、成約を経て、売上が発生するビジネスモデルです。そのため、計画を立案するためには商談率や成約率の把握が必須です。

リードジェネレーションの計画立案の基本

すでに述べた通り、リードジェネレーションでは、Web上のコンバージョンは問い合わせや資料請求という見込み顧客の獲得です。ビジネスの成果を発生させるには、Webで獲得した見込み顧客と商談し、成約に至らなければなりません。リードジェネレーションで計画立案するときは、商談まで至る率（商談率）、商談から成約に至る率（成約率）をできるだけ把握するよう努めます。

具体的な計画立案の方法を確認していきましょう。リードジェネレーションにおいて、ビジネスの成果が生まれるまでを可視化すると図5-4のようになります。

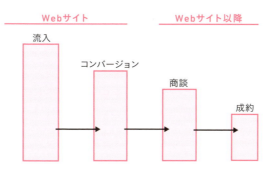

図5-4　リードジェネレーションでビジネスの成果が出るまでの流れ

たとえば、成約件数10件がKGIだとします。成約の前には商談があるので、まずは必要な商談数の計算が必要です。商談から成約に至る率が20％だとすると、成約件数10件÷成約率20％＝商談数50件が必要であることがわかります。

商談の前にはWeb上のコンバージョン（問い合わせや資料請求）があるので、次は必要なコンバージョン数を計算します。Web上のコンバージョンから商談に至る率が20％だとすると、商談数50件÷商談率20％＝コンバージョン数250件が必要です。

ここまで計算できれば、あとはイーコマースの計画立案と同様で、250件のコンバージョン数を獲得するために、流入数を増加させるか、コンバージョン率を上げるかなどを決定します。

リードジェネレーションはイーコマースとは異なり、Web以降にもステップがあることがポイントです。商談率と成約率を把握し、ビジネスの成果も見据えた計画立案を行ってください。

▌事例：Webよりも先に改善すべきことを見つける

リードジェネレーションでは、Web以降の改善の方が効果的な場合が往々にしてあります。つまり、商談率や成約率を改善する方が効果的ということです。事例から考えてみましょう。

あるBtoBサイトから、「問い合わせの質が悪く、売上につながらない」という相談を受けました。売上アップの計画を立てる前には、現状の数値を把握する必要があります。Webサイトの数値はGoogleアナリティクスなどのアクセス解析ツールから把握が可能です。しかし、商談率、成約率はWeb以降のステップのため、アクセス解析ツールでは把握できません。

そのため、ヒアリングにより把握することにしました。この企業にヒアリングしたところ、商談率や成約率をきちんと把握していないということがわかりました。意外に感じるかもしれませんが、このようなことはときどき起こります。セールスフォースなどのSFA（営業支援システム）を導

入していれば、率の把握もシステマチックにできますが、そうでなければ肌感覚になってしまいがちです。これでは成果につながる計画立案ができないため、1カ月間、手作業でもいいので把握してもらうようお願いしました。そうしたところ、Webからの問い合わせからの商談率は良好だが、成約率が低いことが見えてきました。

成約に至っていない理由を確認すると、問い合わせユーザーの質が悪いわけではなく、営業手法が固まっていないためかユーザーの納得を得られていないことが課題でした。このような場合、Webどうこうではなく、まずは成約率を上げる施策を取る方が効率的です。どれだけWebの改善に費用をかけても、成約率が悪ければ成果は生まれず、利益が悪化してしまいます。そのため、この事例ではKGIは目標売上、KSFは成約率を上げるための施策、KPIは成約率とし、計画を立案しました。

予算投下の優先順位

実際には、一部分ではなく、いろいろな数値を改善することで目標達成するという計画を立てることが多いです。一部分を解消したからといって、目標達成できるほどビジネスは甘くありません。

また、何かを改善するためには費用や人的リソースが必要です。そのため、計画立案の最後に予算投下の優先順位を考えるようにしてください。たとえば、サイト改善とWeb広告の実施に同じ予算がかかる場合、どちらに予算をかけるべきでしょうか。この答えはケースバイケースです。

ムダなく効率的に改善を行うのであれば、ビジネスの成果に近いところから改善を始めます。つまり、成約率や商談率などを改善する方が効率的なのです。しかし、成約率や商談率などの改善には確実性がありません。

一方、Web広告を実施した場合、確実に流入数は増やせます。つまり、流入数というKPIは確実に達成できるということです。しかし、Web広告には費用が発生しますし、流入数を増やしてもコンバージョンにつながらない場合もありますので、注意が必要です。

なんとなく過去の経験からという理由で、予算投下の優先順位を決めてはいけません。数値から現状を把握し、目標達成のための効率的な施策を考え、論理的に予算投下の優先順位を決めましょう。

> ### ! ま と め
>
> 　リードジェネレーションはWeb以降にも売上が発生するまでのステップが存在します。そのステップごとの率を把握して、計画を立案するようにしてください。また、現状を把握し、費用やリソース、効率性などから改善の優先順位を定めるようにしてください。

Section **05**

メディアサイト、サポートサイトの計画立案

メディアサイトやサポートサイトは、イーコマースやリードジェネレーションと計画立案の方法が大きく異なります。ここでもビジネスモデルをしっかり理解し、事業の目的から計画立案を行ってください。

メディアサイトの計画立案

メディアサイトのビジネスの成果は、広告収益です。広告掲載による課金体系は、大きく分けて**表示課金**と**クリック課金**の2種類があります（図5-5）。

表示課金	クリック課金
バナーやページが表示された回数に応じて課金される。CPM課金とも呼ばれ、1,000回表示あたりいくら、と計算される。	バナーやページから、その企業のサイトへ流入した場合に課金される。CPC課金とも呼ばれ、1クリックあたりいくら、と計算される。

図5-5 2種類の課金体系

上図の通り、表示課金はバナーまたはページが表示された回数により課金されます。CPM課金とも呼ばれ、1,000回表示でいくら、という課金体系です。一方のクリック課金は、バナーまたはページから広告主企業のサイトへ流入した際に金額が発生し、CPC課金とも呼ばれています。

メディアサイトは広告の表示、またはクリックにより収益を得るモデルのため、KPIは流入数やページビュー数になることが多いです。流入数やページビュー数が増えれば、広告が表示されたり、クリックされたりする可能性が高まります。その他にも、滞在時間、SNSのいいね！数、広告ク

リック率なども、メディアサイトのKPIとなります。

　イーコマースやリードジェネレーションと異なり、KPIがコンバージョンや成約率などとならない点を踏まえて、計画立案を行ってください。

事例：表示課金の広告収益を増やす

　メディアサイトの計画立案がピンとこない方もいると思います。事例から理解を深めましょう。

　あるメディアサイトから、広告収益を現状の1.2倍にしたいと相談を受けました。現状の広告収益は200万円のため、KGIは広告収益240万円と設定できます。

　次に確認しなければならないことは課金体系です。課金体系によって、設定すべきKPIは変わります。このメディアサイトは表示課金のため、広告表示を増やすKSFを設定し、それにもとづくKPIを考える必要がありました。

　このメディアサイトの1ページビュー数あたりの広告収益を計算すると2円でした。つまり、KGIを達成するためには、240万円÷2円＝1,200,000のページビュー数が必要です。そして、アクセス解析ツールから、1流入あたり5ページ見られていることがわかったので、流入数に換算すると、1,200,000ページビュー数÷5ページビュー数＝240,000の流入が必要となります。

　ページビュー数を増やすためには、サイトの導線改善が重要となります。しかし本事例は、短期的に収益を上げることを目的としており、導線改善には時間がかかるため、Web広告により流入数を増やすことをKSFとし、KPIを流入数240,000と設定しました。

　イーコマース、リードジェネレーションと比べると、計画立案の方法に大きな違いあることがわかると思います。そして、流入数240,000は、そう簡単に達成できるKPIではありません。メディアサイトの運用の難しさがわかると思います。

サポートサイトの計画立案

　繰り返しになりますが、サポートサイトの目的は顧客満足とサポート品質の向上です。つまり、ユーザーの課題が解決されているかどうかが重要です。

　また、サポートサイトの運用にはコストがかかります。運用コストを下げるためには、問い合わせ内容の傾向を把握し、不足しているコンテンツや、それと相関がある指標を把握しなければなりません。たとえば、ある製品の問い合わせが多く、その製品のサポートページのページビュー数が高いようであれば、この製品サポートページの改善がKSF、ページビュー数がKPIと設定できます。

サポートサイトの具体的な計画立案

　サポートサイトの目的の1つ、顧客満足の向上を目的とした計画立案はメディアサイトに近いものになります。ここでは、運営コストを下げることを目的とした場合の計画立案の方法を、具体的に考えてみましょう。

　運営コストを下げる計画を立案するためには、まず問い合わせ数やその問い合わせにかかるコストと推移を把握することが必要です。ここでは1月の問い合わせ数が100、2月の問い合わせ数が200だったとします。次に一覧ページや詳細ページのページビュー数、詳細ページへの到達率など、Web上の数値とその推移を洗い出します。これらから、問い合わせ数とWeb上の各数値の関係性を見つけ出すのです。たとえば、1月のサポート詳細ページのページビュー数が2,000、2月は1,000と減少していたとすると、これは問い合わせ数と関係性がありそうです。つまり、サポート詳細ページの閲覧が減ったから、問い合わせ数が増えたということです。

　この関係から、サポート詳細ページのページビュー数をどのくらい増やせば、どれだけ問い合わせ数が削減でき、結果として運営コストをいくら

削減できるかが計算できます。言い換えると、運営コストの削減金額をKGIとした場合、サポート詳細ページのページビュー数がKPIとなり、それを伸ばす施策がKSFになるということです。単純な例ではありますが、サポートサイトはこのようにして各数値とその推移から立案するようにしてください。

> **! ま と め**
>
> メディアサイトやサポートサイトは、イーコマースやリードジェネレーションと計画立案の方法が大きく異なります。特に、KPIがコンバージョンや成約率にはなりません。広告の課金体系や問い合わせ数の推移などをチェックして、逆算して考えましょう。

☕ Column │ 実際にページを確認することの大切さ

データは数値なので、デザインの良し悪しを表しているわけではありません。実際にPCやスマートフォンで、対象となるページを確認するようにしましょう。

仕事ではPCでの作業が中心となるので、特にスマートフォンでの確認がおろそかにならないよう注意します。当たり前ですが、スマートフォンの方が画面が小さく、一度に視認できる領域が限られています。通信環境も異なるため、ほとんどの場合はPCよりページの読み込みに時間がかかります。またユーザーが利用している場面も異なります。

実際にページを確認するうえで重要なのは、やはりユーザー視点です。サイトユーザーになりきって、デザイン上の不便な部分を洗い出すようにしてください。

また、競合他社のページと比較することも重要です。競合他社のファーストビューでは何を訴求しているのか、キャッチコピーは何か、どのような導線を配置しているのか。比較することでデザインや導線の課題に気付くことができます。

> Chapter **6**

測定方法を設計する

計画の進度を測る KPI は、アクセス解析ツールなどにもあらかじめ用意されています。しかし、自社独自の KPI を設計することは、競合他社との差別化にもつながります。この章では、指標の設計と測定における注意点について扱います。

Section **01**

用意されている指標から
考えてはいけない

KPIは数値で表される指標を用いて設定しますが、アクセス解析ツールなどに用意されている指標から選んではいけません。KPIの意図を明確に表現する指標を、測定方法から設計するようにしてください。そして、複数の指標がある場合は、インパクト、スピード、実現性の視点で絞り込んでいきます。

▌測定方法を工夫する

KPIは、**KGIを達成するためのプロセスを評価するもの**です。たとえば、月間セッション数10,000といったように数値で設定します。KPIはKGIから考えられるため、KPIを達成するとKGIが達成されるよう設定します。

KPIは、アクセス解析ツールなどに用意されている指標から考えてはいけません。指標からKPIを設定するのではなく、**KPIを表現する指標をどのように測定すべきかを設計する**ことが重要です。

たとえばリードジェネレーションのサイトで、電話での問い合わせ件数をKPIにしたとします。しかし、電話の件数からはそのうち何件がサイト起点かわかりません。ここでWebでは測定が無理だと諦めて、直帰率やセッション数などの取得可能な指標を設定してはいけません。これらの指標は、KPIを明確に表したものではないからです。この場合であれば、Webを見て電話したかをユーザーに聞き、その件数を指標とすればよいだけです。もしくは、スマートフォンからのセッション数が多いサイトであれば、電話番号のタップ数を指標とすることも可能です。

上記のどちらも、測定方法を工夫しようという意識があればすぐ思い付くような方法です。このように、用意されている指標から考えるのではな

く、測定方法を設計して必要な数値を取得できるようにしてください。

KPIの設定に有効なロジックツリー

KPIはKGIから考えられます。言い換えれば、**KGIを分解して考えるとKPIにたどり着く**ということです（図6-1）。

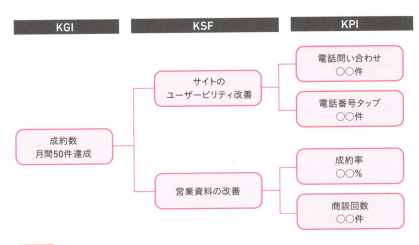

図6-1 KGIを分解してKPIを考える

図のようにKGIをツリー状に分解して考えると、発想がスムーズに進みます。これはロジックツリーと呼ばれる、シンプルで使いやすいフレームワークです。1つの事柄を分解して、さらにそれを分解するということを続けることにより、全体を把握しながら論理的な思考ができます。KGIからKPIまで分解する場合、このロジックツリーを使って考えると思考の漏れがなくなります。

ロジックツリーを使うときは、**左右どちらから考えても整合性があること**を意識してください。論理としては、KPIを達成するとKGIも達成されなければなりません。そのため、KGIから分解して考える方向と、KPIを達成してKGIが達成される方向の両方に整合性が必要です。

また、ロジックツリーはMECE（漏れなくダブりがない状態）にするものです。必要な要素が漏れていては、KGIの達成はできません。また重複していると、KPIを設定するときに混乱してしまいます。ロジックツリーはシンプルで使いやすいフレームワークですが、上記2つのポイントは必ず押さえておきましょう。

KPIとなる指標を絞り込む

KPIとなる指標は1つだけということはありません。リードジェネレーションの電話番号の計測のように、KPIに当てはまる指標が複数あることはよくあります。どの指標をKPIとして設定するかは、以下の3つの視点から判断してください。

- インパクト
- スピード
- 実現性

KPIを達成しても、KGIへのインパクト（影響）が小さいようであれば、やはり別の指標をKPIとした方がよいでしょう。

達成にかかるスピードも考慮する必要があります。スピードがあり、かつKGIへ直接的に影響を与える指標をKPIとできれば、KGIもそれだけ早く達成できます。しかし、リソース不足などの状況により、理想通りのスピードを実現できるか検討する必要があります。

3つ目として、実現性の視点も大切です。どれだけよい指標を設計できても、それを取得できなければ机上の空論です。解析ツールでその指標を取得できるかを事前に検証するようにしてください。検証するときは、次の3つの視点でチェックしてください。

- その指標を設定できるか
- 正確な数字を取得できるか
- 現在取得できない場合は、将来的に取得できるか

　簡単に取得できないと諦めてはいけませんが、どうしても取得できないものは存在します。そういったときは別の指標を設定するようにしましょう。

> **！ ま と め**
>
> 　アクセス解析ツールなどに用意されている指標からKPIを考えるのではなく、KGIからKPIを考え、KPIを明確に表す指標を測定方法から設計してください。KPIとなる指標が複数存在する場合は、インパクト、スピード、実現性の視点で指標を絞り込み、その事業において意味のあるKPIを設定しましょう。

Section **02**

自社に合った測定方法を設計する

　自社独自のKPIは、競合他社との差別化につながります。しかし、それだけにとらわれず、少なくシンプルなKPIを設定するよう心がけましょう。

自社独自のKPIを考える

　KPIとなる指標は、ビジネスの目的によって異なります。そうするともちろん、KPIとすべき指標もビジネスごとに変わります。そのため、自社独自のKPIを設定することが重要なのです。

　自社独自のKPIは、競合他社との差別化要因にもなります。基本的な指標のKPIは競合他社でも使われるので、そのKPIをどれだけ早く達成できるかの勝負になります。単純にいってしまうと、この勝負を決するのは優秀な人材の有無と、かけられる費用やリソースといえます。

　もちろん、基本的な指標も必要ですが、よいKPIは「自社の」ビジネスにインパクトを与えてくれるものです。ぜひ、自社独自のKPIを設計し、ビジネスを加速させましょう。

自社独自のKPIを設定した例

　自社独自のKPIとはどういったものか、実際の例を見てみましょう。

　これは、ある化粧品メーカーの通販サイトの事例です。その企業の担当者は、今後どのようにサイトを改善すれば、売上を伸ばせるのか悩んでおり、筆者が相談を受けました。

　私がまず行ったことは、現状把握のための分析です。アクセス解析や顧

客分析を行い、さまざまな数値を洗い出してみました。洗い出した数値を比較・検証していると、ある特徴に気付きました。この企業の商品は、強いこだわりを持って作られており、商品ができあがるまでのストーリーをサイト上で紹介していました。このストーリーが書かれたページを閲覧したユーザーは、閲覧していないユーザーに比べてリピート率が高かったのです。

化粧品は、リピート購入してもらえるかどうかがとても重要です。この企業の商品は手間暇かけて作られるため、競合他社よりも価格を高く設定していました。そのため、どうやってその価格に納得してもらえるかがポイントだったのです。ストーリーを見せることにより価格に納得感が得られると、リピート率が高くなるという仮説は検証する価値がありそうでした。

そこで、ストーリーのページの閲覧をKPIとして、そのページへの導線を増やす施策を行いました。結果、このKPIに比例して、リピート購入を増やすことができました。

このように、自社独自のKPIを設定することにより、競合他社には真似できない施策ができるようになります。この事例でいえば、商品への強いこだわりがあったからこそのKPIであり、競合他社が同じことをできるとは限りません。企業について深く知り、分析を行い、独自のKPIを探し出してみてください。

KPI設計の注意点

上述した内容と反対のことを書きますが、自社独自のKPIばかりにとらわれてはいけません。繰り返しになりますが、KPIはKGIを達成するためのプロセスを評価するものです。独自性にこだわるあまりKGIが達成できないようでは本末転倒です。基本的な指標でも、インパクト、スピード、実現性が考慮されていれば、それは有用なKPIです。

KPIの数は、基本的に最大12個までとしましょう。数が多いということ

は、絞り込めていないということです。つまり、インパクトが小さいものや実現性が低いものなどが混ざっている可能性が高いといえます。また、KPIは計測するものなので、数が多いとリソースを圧迫してしまいます。

　他の人が見たとき、それをKPIとしている意図がわからないものも注意が必要です。KPIは、それにもとづいて施策を考え、実行することを繰り返します。一度誤解が生じると、間違った施策を続けてしまうかもしれません。

　つまり、できるだけ少なく、シンプルに設計することが望ましいといえます。KPIはさまざまな関係者や協力者の指針になるものです。リソースを効率的に使い、改善のスピードを上げるようにしましょう。

! まとめ

　自社独自のKPIを設定することは、競合他社との差別化要因となります。しかし、独自性ばかりにとらわれるのではなく、分析から自社にとって意味があるかを原則とし、少なくシンプルなKPIを設計するよう心がけてください。

Section 03
イーコマースの測定方法の設計

　イーコマースはすでに紹介した基本的な指標以外に、客単価とLTVもKPIとして視野に入れましょう。LTVの計算は、慣れないうちは複雑に感じるかもしれませんが、これを把握しているといないとでは大きな差になります。

イーコマースの要素

　イーコマースの要素は、集客、接客、追客の3つに分けられます（図6-2）。

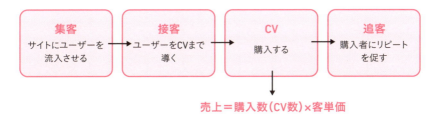

図6-2　イーコマースの要素

　購入数を増やすには、この3つの要素を改善することが基本になります。また、この3つ以外に、客単価も考慮します。前述のように、イーコマースで売上を上げる方法は、購入数を増やすか、客単価を上げるかの2通りだからです。

　客単価は商材そのものに依存する面も大きいですが、接客と追客の改善で向上できます。アップセル（より高額な商品の購入を促す）とクロスセル（関連商品の購入を促す）を接客と追客で促していくことで、客単価は向上します。アップセルではあればサンプル品から本商品への購入をメー

ルマガジンで促す、クロスセルであれば関連商品を表示させるなどが施策となります。こういった客単価向上に関する施策の指標も、設計しなければなりません。先ほどの例であれば、メールマガジンからのセッション数やCVR、関連商品への遷移率など客単価に関わる指標が候補になります。

LTVを計算し、正しい予算を知る

イーコマースは、リピート購入者を増やせるかどうかが重要なポイントの1つです（ただし、大型家具のように、一生の間にほんの数回しか購入しない商材は異なります）。

リピート購入された方が費用対効果はよくなります。新規ユーザーに納得して購入してもらうには、多くの時間と費用がかかりますが、すでに納得して購入したリピーターはそれらが下がるからです。この重要なリピート購入の指標の1つとして、第5章で述べたLTVがあります。

LTVの計算方法をしっかり理解するために、以下の内容からLTVを計算してみましょう。

- 2,500円の商品Aは平均4回購入される
- 商品Aの購入者の20％が10,000円の商品Bを平均3回購入する
- 商品Bの購入者の15％が25,000円の商品Cを平均3回購入する

商品Aは平均4回購入されるため、2,500円×4回＝10,000円 と計算できます。商品Aの購入者の20％が商品Bを平均3回購入するということは、10,000×3回×20％＝6,000円です。また、商品Bの購入者の15％が商品Cを平均3回購入するということは、25,000円×3回×20％×15％＝2,250円と計算できます。これを合算して、10,000円＋6,000円＋2,250円＝18,250円がLTVです（図6-3）。

1. 商品Aは1人あたり平均4回購入される
   2,500円（商品Aの単価）×4回（平均購入回数）＝10,000円
2. 商品Aを購入した人の20%が商品Bを平均3回購入する
   10,000円（商品Bの単価）×3回（平均購入回数）
      ×20%（商品Aの購入者が商品Bを購入する確率）＝6,000円
3. 商品Bを購入した人の15%が商品Cを平均3回購入する
   25,000円（商品Cの単価）×3回（平均購入回数）×20%（商品Aの購入者が商品Bを購入する確率）
      ×15%（商品Bの購入者が商品Cを購入する確率）＝2,250円

商品AをLした人のLTVは、
10,000円（Aの計算結果）＋6,000円（Bの計算結果）＋2,250円（Cの計算結果）＝18,250円

図6-3 LTVの計算

このような計算ができると、**広告予算に余裕を持つ**ことができます。たとえば、商品Aを1件購入してもらうためにかけられる広告費は売上の20%までだとします。LTVを考えなければ、2,500円×20%＝500円と考えてしまうでしょう。しかし、LTVまで考えると、18,250円×20%＝3,650円となり、大きな差があります。これだけかけられる予算が変わると、施策の可能性も大きく広がるでしょう。

遷移率とカゴ落ち率

イーコマースのサイト構造を大きく分けると、以下の4つになります。

- トップページ
- 商品一覧
- 商品詳細
- カート

どこから閲覧が開始されるかはサイトによって変わりますが、「商品詳細を見てカートに商品を入れる」という順番はほとんど変わりません。

　つまり、商品詳細からカートへの遷移率、カートから購入完了までの遷移率を上げることができれば、購入数は増えます。カートから購入完了までの遷移率は「カゴ落ち率」とも呼ばれますが、特に重要な指標です。70%が基準値ですが、これ以上の数値となる場合、どこかに課題があるはずです。

❗ まとめ

　イーコマースでは、客単価に関する指標も考えるようにします。LTVは重要な指標なので、計算方法も含めて理解してください。また、カゴ落ち率なども指標にできるよう覚えておきましょう。

Section **04**

リードジェネレーションの測定方法の設計

リードジェネレーションは、見込み客の獲得がWeb上の成果です。見込み客をどう育てて、商談と成約に結び付けるかがリードジェネレーションでは重要となります。

リードジェネレーションの要素

リードジェネレーションの要素は、集客、接客、追客まではイーコマースと変わりませんが、そこに商談が加わります。集客、接客、追客の部分を改善しても、商談がうまくいかなければ売上にはつながりません。商談の測定方法も設計し、KPIを設定するようにしてください。

見込み客を育成するリードナーチャリング

リードジェネレーションのWeb上の成果はリード、つまり見込み客の獲得です。しかし、リードと一言にいっても、興味があるだけの人、検討したいと考えている人、いますぐ欲しいと思っている人というように、購買意欲の強さはバラバラです。興味があるだけの人に商談を申し込んでも、なかなか売上にはつながりません。そのため、購買意欲を引き上げる必要があります。

見込み客を育成する手段を、リードナーチャリングと呼びます。リードは見込み客、ナーチャリングは育てるという意味です。リードナーチャリングでは、リードを受注確度によって、区分・管理します。その区分は、MQL（Marketing Qualified Lead）とSQL（Sales Qualified Lead）の2つがあります。

MQLはマーケティング対象リードと呼ばれ、マーケティング活動によって得られたリードで、まだ興味段階です。SQLはセールス対象リードと呼ばれ、具体的な購入時期や費用の条件が決まっているなど、商談準備ができている段階です。つまり、リードジェネレーションのサイトで獲得したリードのほとんどはMQLであり、これをSQLに引き上げなければ商談にもなりにくく、当然成約は見込めません。

　==MQLとSQLは、KPIにすることができます。==また、サイト上のCVからMQLへの転換率、MQLからSQLへの転換率、SQLから商談への転換率もKPIになりえますので、各言葉の意味と関係性を覚えるようにしましょう。リードジェネレーションのサイトから成約に至るまでを細分化すると図6-4のようなファネル型になります。

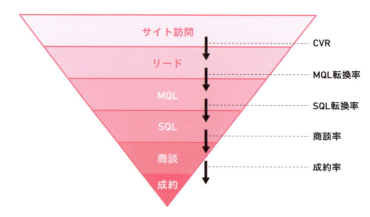

図6-4 リードナーチャリングとMQL、SQL

　このファネルごとの数値と転換率も測定できるようにしましょう。測定するためには、MQLがどのような状態になればSQLになったといえるのかを定義しましょう。マーケティングオートメーションツールを活用すると、リードの行動ごとに点数を決め、スコアリングを行い、あるスコアに達すれば営業へ通知が入るというように、営業がアプローチするまでの流れを自動化できます。

それでは、マーケティングオートメーションツールを利用しない場合は、こういった測定はできないのでしょうか。もちろん、そのようなことはありません。自動化されるフローを手動で行えばいいのです。

たとえば、「こちらからのアクションに対してユーザーが反応したら1点」とわかりやすいルールを決めます。その点数を加算していき、何点になった時点で営業がアプローチすると商談率が高まるのかを探るのです。これは地道な作業ですが、とても大事です。この定義がしっかりできれば、ムダに営業が動くこともなく、効率的に成約数を高めることが可能だからです。このように、自社に合ったリードナーチャリングの測定方法を設計してみるとよいでしょう。

マイクロコンバージョンで改善の足掛かりをつかむ

リードジェネレーションはイーコマースに比べ、CVRが低い傾向にあります。リードジェネレーションでは、検討期間が長い商材や高額な商材を扱っていることが多いため、一度のセッションではコンバージョンに至りづらいのです。

そこで、資料請求や問い合わせなどの真のコンバージョン地点の前に、仮のコンバージョンを設定することがあります。これはマイクロコンバージョンと呼ばれます（図6-5）。

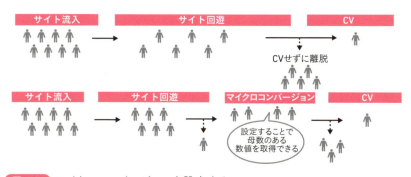

図6-5 マイクロコンバージョンを設定する

CVRが低く、真のコンバージョンがなかなか発生しない場合、何を改善すればコンバージョンに寄与するかが判断しづらくなってしまいます。そこで、マイクロコンバージョンを設定することで、これが解消され、改善スピードを上げることが可能になるのです。

　マイクロコンバージョンの設定例として、不動産のサイトでモデルルームへのアクセスページを見た人は、コンバージョンの見込みが高いと仮定し、アクセスページ閲覧をマイクロコンバージョンに設定する、といったことが挙げられます。

！ まとめ

　リードジェネレーションの場合、MQL、SQLというリードの区分を考える必要があります。また、MQL転換率、SQL転換率などもKPIとして設定できます。コンバージョンがなかなか発生しない場合は、マイクロコンバージョンの設定も検討しましょう。

Section **05**

メディアサイト／サポートサイトの測定方法の設計

メディアサイトとサポートサイトでは、既存の指標やWeb上のデータにとらわれず、新しい指標を作り出したり、必要なデータを取得できるようにしたりするなど、測定方法を工夫してください。

メディアサイトを測定する際のポイント

■ユーザーとサイト＋広告主の関係

メディアサイトのKGIは広告収益です。サイト内に掲載されている広告がクリックされるか、表示されるかにより収益が発生します。そのため、イーコマースやリードジェネレーションのように「ユーザーとサイト」という関係性だけではなく、「ユーザーとサイトと広告主」の間の関係性を考慮して、KPIを設計する必要があります。

ユーザーとサイトの関係でいえば、より多くのユーザーにより多くのページを見てもらえるようKPIを設計します。この場合、サイトの認知拡大がKGIとなります。そして、サイトへのセッション数、ページビュー数、1セッションあたりの閲覧コンテンツ数などがKPIとなります。

サイトと広告主の関係でいえば、広告表示や広告クリックの測定方法を設計することにより、意味のあるKPIを設定することが可能です。広告表示回数は、広告が掲載されているページが閲覧された回数と同じなので、ページビュー数をKPIとして設定可能です。また、広告表示されたページビュー数を全体のページビュー数で割ることで、広告表示率が求められます。これもKPIとして考えることができるでしょう。

■アクセス解析ツールで工夫する

　広告クリックはアクセス解析ツールの工夫が必要です。通常、広告がクリックされると広告主のサイトにリンクするため、アクセス解析ツールに特別な設定をしなければ計測ができません。Googleアナリティクスであれば、イベントトラッキングという手法を用いることで測定が可能になります。また、「広告クリック÷セッション数」で広告クリック率を算出でき、これも有用なKPIといえます。

　このように、アクセス解析ツール上の指標だけでなく、必要に応じて新たに指標を作り出すことが大切です。

サポートサイトを測定する際のポイント

　サポートサイトは、顧客満足とサポート品質の向上が目的です。加えて、コールセンターなどの運営コストを下げることをKGIとする場合があります。このようなKGIの場合、問い合わせ率や受電率はもちろんのこと、そこにかかる人件費も測定できなければなりません。コールセンターを専門の会社に依頼している場合は、受電数や受電1回にかかるコストは把握しやすいでしょう。自社内でコールセンターを保有している場合は、管理システムがあればその数値から、もしないようなら、エクセルなどで管理して数値を把握することから始めます。

　サポートサイトが独立しておらず、サイト内にサポートページがあることもあります。こういった場合、どのページがサポートサイトの役割をしているのかをまず定義してください。そして、そのページのどの指標が変動することにより、問い合わせ数や受電数が上下するのかなど、指標との関係性を探るようにしましょう。たとえば、ページビュー数が増えることにより問い合わせ数が下がるようであれば、ページビュー数をKPIとして活用できます。Web上では測定できないデータも収集して、KPIとなる指標を探し出してください。

サイト内検索ワードを取得する

　サイト内検索ワードも活用できます。現在は検索結果からどのようなキーワードでサイトに流入したかは、ほとんど取得できません。Googleサーチコンソールなどの補助ツールを使えばある程度取得できますが、それだけでなく、サイト内検索を実装することで、そのキーワードを取得できるようになります（図6-6）。

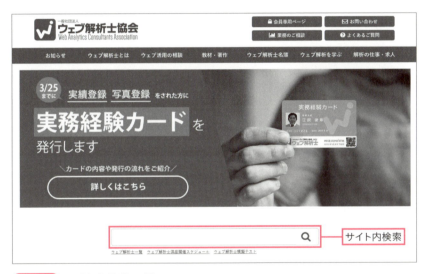

図6-6　サイト内検索の例

　キーワードは、ユーザーのニーズや悩みを表します。つまり、キーワードがわかれば、求められているコンテンツや不足しているコンテンツの仮説を得ることができるのです。特にサポートサイトは、ユーザーの悩みや不安をサイト上で解決するためにあるので、キーワードは大いに参考になります。
　また、指標として設計するのであれば、サイト内検索の検索結果画面からコンテンツへ移動したか、それとも再検索したかを指標にできます。検

索結果からコンテンツへ移動したのであれば問題ありませんが、よく再検索が行われていれば、求めているコンテンツを用意できていないといえます。

！ ま と め

　メディアサイトやサポートサイトでは、新たな指標を作り出したり、Web以外のデータを取得したりするなど、目的に沿ったKPIを柔軟に設計できるよう工夫しましょう。また、自然検索のキーワードを取得できないいま、サイト内検索ワードからユーザーのニーズを想定することができます。サイト内検索の指標をKPIとすることも視野に入れてください。

Section **06**

KPIの設計で
気を付けたいこと

KPIの設計は必ず定義書などの形で残すようにしてください。KPIは運用するものです。意味のないKPIは廃止するか、見直すようにしましょう。

優先順位を付ける

KPIの数は**5〜12個**が基本です。数が少ない場合、KPIを洗い出すときに抜け漏れが生じた可能性が高いといえます。少なすぎるKPIでは、KGIの達成は困難です。

反対に数が多い場合は、インパクトが小さいものまで洗い出していると考えられます。KPIは設定して終わりではなく、測定し、次の施策を考えるためのものです。その数が多すぎると、測定の手間や施策が煩雑になり、非効率になってしまいます。そのため、KPIとなる指標を洗い出した後は、必ず優先順位を付け、取捨選択してください。前述のように、インパクト、スピード、実現性の3つの視点から指標をスコアリングしましょう。

定義書を作成する

KPIとなる指標を洗い出せたら、必ず定義書を作成し、関係者と共有します。定義書に含める内容は、主に次の4つがあります（図6-7）。

- 指標の変動の意味
- 指標を有効にする施策
- 結果の判断基準
- 結果からの行動

No.	KPI名	目的	仮説	指標	施策	判断基準	結果次の施策
1	チャネル別概況	チャネル別の状況を把握	新作キャンペーンを行うことにより、各チャネルからのセッション数を伸ばせる可能性あり	ディメンション：チャネル　メトリクス：セッション数、直帰率、新規率、PV数、PV/セッション数、CV	新作キャンペーンの訴求・強化	キャンペーン開始前の各チャネル数値	順調に伸びているため、施策を継続
2	ランディングページ概況	LPの最適化	LPのファーストビューを変更することにより、直帰率が下がる可能性あり	ディメンション：ランディングページ、チャネル　メトリクス：セッション数、直帰率、新規率、CV	LPのABテスト	LP-AとLP-Bの直帰率の差	LP-Bの直帰率が10%低い結果となったため、LP-BとLP-Cをテスト
3	フォーム概況	フォームの最適化	フォームの入力画面でのフォームの離脱が多いため、入力項目を簡略化する必要あり	ディメンション：ページ　メトリクス：PV数、離脱率、離脱指標	フォームの入力項目の簡略化	フォーム変更前の離脱率との差	大きな変化が見られなかったため、EFOツールを使用し対策
...	...	...	...	...	...	...	

図 6-7　KPIの定義書の例

納得感のあるKPIを設定できると満足感がありますが、もちろんKPIは設定して終わりではなく、それをもとに改善サイクルを回すことが目的です。そのため、KPIとなる指標を測定し、判断して、行動できるようにする定義書が必要なのです。

　こういった定義書がないと、「そもそもKPIは正しかったのか」という議論が生まれてしまいます。そもそも論には何の生産性もないため、できるだけ避けなければいけません。もちろん、KPIを測定したうえで、数値から必要性が生じれば変更すべきですが、前提を覆すようなそもそも論が起こらないように気を付けましょう。

KPIは運用し、改善するもの

　KPIは測定して、判断し、行動を起こし、改善を繰り返すために存在します。そのため、KPI運用の起点は測定です。習慣化するためにも、定期的に測定することが大切です。そして、いつ、誰が、どうやって測定するのかも必ず定義しましょう（図6-8）。

No.	KPI名	取得頻度	データ取得手順	データ取得担当	レポート担当	備考
1	チャネル別概況	週別	Googleチャネル別データ	Aさん	Aさん	
2	ランディングページ概況	月別	Googleランディングページ別データ	Bさん	Aさん	
3	フォーム概況	月別	Googleアナリティクスカスタムレポート	Cさん	Aさん	フォームのURLが変更されているため、取得時に注意
…	…	…	…	…	…	…

図6-8 KPI測定の定義書の例

　何よりも、KPIから行動に移すこと、つまり施策を中心に考えることが重要です。行動に移さなければ、KPIの意味はありません。行動し、改善し、KGIを達成することが、KPIを設定する意味です。

157

一度決めたKPIは絶対ではありません。適宜見直すようにしてください。どれだけ綿密に考えたKPIでも、残念ながら意味のないものも出てくるでしょう。数カ月経っても課題発見につながらないKPIは、廃止するか、見直します。

　定義書を作ると、KPIが絶対だと思いがちです。定義書は必須ですが、作成する際には「KPIは状況に応じて変わっていくもの」と周知しておきます。

　また、Web分析・改善をできる人だけがKPIを取得すればいいわけではありません。プロジェクトメンバー全員が意識し、各々が取得できるようになり、結果について考えることができる環境が理想といえます。考える人が増えれば増えるほど、有効な施策が生まれる可能性は高まります。そのようになるためには、全員にKPIを自分ゴトと思ってもらわなければなりません。ぜひ、その環境を整えてください。

> **❗ まとめ**
>
> 　洗い出したKPIに優先順位を付け、5〜12個となるよう絞り込みましょう。そして、絞り込まれたKPIの定義書を作り、関係者全員と共有してください。ただし、KPIは運用していくもので、一度決めたKPIは絶対ではありません。適宜、状況に応じて廃止や見直しを行います。

☕ Column │ インタラクション解析

　アクセス解析ツールでは、さまざまな種類のデータを取得できます。しかし、広告をクリックした数など、デフォルトの設定では取得できないデータも存在します。そういったデータを取得するために、インタラクション解析も覚えておきましょう。

　インタラクションとは、人間がアクションしたときに、機器やシステムがそのアクションに対応したリアクションをすることを意味します。つまり、インタラクション解析とは、ユーザーのアクションに対する、サイトやシステムのリアクションを解析する手法です。たとえば、広告などの外部リンクのクリック、PDFダウンロード、電話番号タップなどの行動を計測します。

　Googleアナリティクスでは、これらを取得する方法を「イベント」「イベントトラッキング」と呼んでいて、カテゴリ、ラベル、アクションというツール上の項目を任意に決め、JavaScriptのコードを記述するか、タグマネージャーの設定により収集します。この設定により、Googleアナリティクス上でインタラクションが計測でき、さまざまな示唆を得ることが可能になります。

　セッション数やページビュー数という指標だけではなく、こういったユーザーの挙動も計測し、KPIの設定に役立ててください。

> Chapter

7

意図を持って施策を運用する

施策をやりっぱなしにしてしまうケースはよく見られます。そうならないためには、施策前に施策後の行動を考えておかなければなりません。この章では、意図のある施策を設計し、戦略に合わせて効果的に運用していくためのポイントを解説します。

Section **01**

施策をやりっぱなしに
しないために

　施策がやりっぱなしになる理由は、開始前の設計が不十分だからです。この設計とはKPIの設計ではなく、施策の設計です。また、施策が目的にならないよう戦略に立ち返る癖を付け、必ず数値や結果を取得するようにしましょう。

▌施策の設計をもとに検証する

　やりっぱなしとなる施策は、残念ながら多いものです。ここでいう「やりっぱなし」というのは、「検証をしない」ともいえます。検証しない施策には、成長性がなく、発展性がありません。つまり、次の有効な施策が生まれないのです。

　それでは、なぜ施策をやりっぱなしにしてしまうのでしょうか。それは施策を行う前に、検証のルールやその後の行動を設計していないからです。第6章でも書いたように、施策はKPIを達成するために行います。そのため、施策ごとにKPIとなる指標を達成できているかを測定すべきなのですが、これが行われない場合が多いのです。

　測定をしっかり行うためには、KPI定義書を作成し、定期的に計測する機会を作ることが重要だと述べました。しかし、KPIの成果だけで判断するのは不十分といえます。施策の中の細かい工夫の検証がされないからです。

　たとえば、Web広告の成果を上げるために、クリエイティブのABテスト（2種類の異なるものを用意し、どちらの方がよいかを測るテスト）を行うとします。せっかくテストしたのに、その結果が十分活かされないケースはよくあります。数値は取得していても、その後の行動に連続性を作れないことが多いのです。

162

この例でいえば、ABテストを行う目的は、最適なクリエイティブを探り、Web広告の成果を上げることです。そのため、テストを行うクリエイティブに意図を込め、どちらの結果がよければ、どのような仮説が立つのか。そして、そこからどのような施策を打てるのかをテスト前に設計しておかなければなりません（図7-1）。

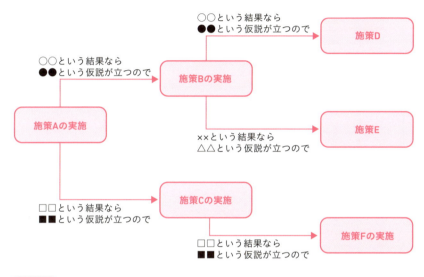

図7-1　施策を設計する

戦略に立ち返り施策を評価する

■「なぜ」を繰り返し思考を深める

　施策がやりっぱなしになるもう1つの理由は、いつの間にか施策が目的となってしまうからです。施策を行うことに集中してしまい、何のために行っているのかを忘れてしまうのです。その結果、滞りなく施策が完了しただけで満足してしまいます。このようなことにならないよう、戦略に立ち返る癖を付けるようにしましょう。

　戦略を踏まえて数値や結果を見ると、何かしらの疑問や仮説が浮かぶは

ずです。その結果は何を意味するのか、このような考えが生まれるだけでも、やりっぱなしの施策になる可能性を下げることができます。

このときに役立つのが「なぜ」と考えることです。この思考は習慣にしましょう。「なぜ」この結果なのだろう、「なぜ」この数値になっているのだろうと、施策の結果に疑問を持つようにしてください。そして、その疑問の答えにも「なぜ」を繰り返していくと、思考が深まっていきます（図7-2）。思考が深まると、あらためて戦略を考えるきっかけも生まれます。

図7-2　「なぜ」を繰り返して思考を深める

■情報を共有し意見を受け入れる

施策により生まれた数値や結果は、積極的に関係者に共有しましょう。1人で考えていては、どうしても視野がせまくなってしまいます。さまざまな意見や疑問をもらうことで、視野を広げることが可能です。

他人からの意見や疑問は、前向きに受け止めるようにしてください。この意識がなければ、どれだけ意見をもらっても、気付きは生まれません。もちろん否定的な意見をいわれることも、的外れな意見をいわれることもあるでしょう。それを恐れず、ゼロベースの前向きな姿勢でいることが大切です。

! まとめ

　施策がやりっぱなしとならないよう、開始前に目的、仮説、次の施策などを設計するようにしましょう。そして、数値を確認するときは「なぜ」を繰り返し、戦略に立ち戻る癖を付けてください。また、結果は積極的に関係者に共有し、意見や疑問から気付きを得るようにしましょう。

Section **02**

意図のある施策の作り方

　意図のある施策とは、仮説や次の行動、その施策でどこまで改善できるかが開始前に設計された施策です。また、検証のスケジュールも作成し、結果を管理するようにします。

▌意図のある施策とは

　ここでは、ABテストを例にし、意図のある施策とは何かを確認していきましょう。

　あるサイトで直帰率の低下をKPIと設計し、ランディングページのABテストを施策として行うことにしたとします。前述のとおりABテストとは、2種類の異なるものを用意し、どちらの方がよいかを測るシンプルで活用しやすいテストです。

　ABテストを行うときは、まずはどのような題材を用意してテストするのかを考えなければなりません。このとき、AとBの2種類の訴求方法の仮説を考える必要があります。

　ABテストを1回行っただけでは、直帰率の数値まで下がるかどうかはわかりません。経験則でいえば、ほとんどないでしょう。そのため、AまたはBの訴求の方がよいとなった場合、どのような仮説が立ち、次のABテストのパターンはどうするかを先に考えておく必要があります。このような先回りした思考がないと、1回だけのテストで終わってしまったり、効果の低いテストを繰り返してしまったりします。

　もちろん、テストは2回だけで終わることもないので、その次の仮説やテストのパターンをある程度用意する必要があります。とはいえ、何十回もABテストを繰り返せるほど、仮説やパターンは浮かぶものではありま

せん。そして、数値の改善率は、回を重ねるごとに薄れていきます。だんだん改善できる部分が少なくなるため、どうしても改善率が下がってしまうのです。

しかし、視点を変えると、ABテストだけが直帰率を下げることができる施策ではありません。そのページの流入経路を見直すことも施策の1つです。そこで、ABテストの限界も決めておきます。そうすることで、**別の施策を行いやすくなり、全体の改善スピードやインパクトが向上します。**このように、開始前に道筋をしっかりと設計した施策が、意図のある施策なのです（図7-3）。

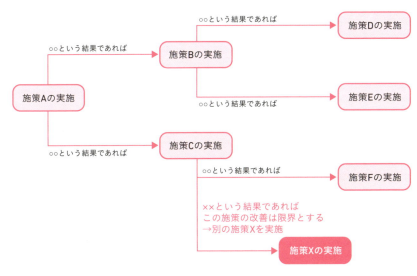

図7-3　別の施策に切り替えるために限界を決めておく

検証のスケジュールは事前に決める

意図のある施策とするための、もう1つの欠かせないポイントは検証のスケジュールです。その施策をいつ検証するかを、開始前に必ず決めておきましょう。やりっぱなしの施策になる理由の1つは、検証しないからで

した。それを避けるために、あらかじめスケジュールに組み込んでおくのです。先ほどのABテストの例でいえば、「毎週水曜日に直帰率をチェックする」というように決めておきます。

それに加え、どの程度の差異や数値が出れば、次の行動に移るかも、あらかじめ設計しましょう。もちろん施策の開始前に設計するため、実際に行ってみるとズレが生じることもあります。毎週数値を見ても、変動が少なく意味が見出せないといったこともあるでしょう。しかし、それはスケジュールを調整すればいいだけのことです。それよりも、開始前に検証する流れを作ることが大事です。

また、それをアクセス解析ツール上の管理画面で見て納得するだけではなく、エクセルなどに残し、管理するようにしてください。施策の結果は、企業にとっての財産です。何を行うと成功し、何を行うと失敗したのかが数値で管理された表があると、今後の施策の精度を上げることができます（図7-4）。

No.	施策名	仮説	目的	チェック指標	開始日	検証頻度	チェック担当	数値結果	結果からの仮説
1	導線追加	Aページの離脱率が高い理由は、導線が不足しているからではないか	導線の最適化	ディメンション：ページ メトリクス：PV数、ページ別訪問数、離脱率、離脱改善指標、直帰率	2019/3/20	月別	Aさん	施策前のページAの離脱率：65% 施策後のページAの離脱率：60%	導線追加では離脱率はあまり下がらなかったため、追加した導線が合っていないことが考えられる
2	LPのABテスト	LPのファーストビューを変更することにより、直帰率が下がる可能性あり	LPの最適化	ディメンション：LP、チャネル メトリクス：セッション数、直帰率、新規率、CV	2019/4/20	週別	Bさん	LP-Aの直帰率：90% LP-Bの直帰率：85%	仮説通り、LP-Bの訴求が響くことが立証。他のLPにも踏襲する
3	ターゲティングの変更	広告のターゲティングを変更することによりCVRが向上する可能性あり	広告の最適化	ターゲティング別の表示回数、クリック数、クリック率、CPC、費用、CV、CVR、CPA	2019/5/21	週別	広告代理店	ターゲティングAのCVR：1.0% ターゲティングBのCVR：1.5%	ターゲティングBのCVRが高くなったため、他の媒体にも踏襲する
…	…	…	…	…	…	…	…	…	…

図7-4 施策の結果を管理する

撤退基準を決める

　意図のある施策を作っても、それがKPIに影響があるかどうかは行ってみなければわかりません。ABテストでいえば、AとBでほとんど差が出ないような場合です。せっかく施策を設計したからといって、なんとなく続けたり、無理に解釈して次の行動に移ったりしてはいけません。

　このようなことが起こった場合、AとBの訴求の仮説が間違っていたのか、それともABテストという施策自体が間違っていたのかを探らなければなりません。そのため、効果がないと判断するための基準（撤退基準）も設けておきます。

　仮説通りに物事が進むことは、そう多くありません。しかし、影響が少ないとわかったことも、見方を変えれば1つの立派な成果です。影響が少ない施策となってしまった場合は、どこに原因があるのかを分析し、次の施策に活かすように意識しましょう。

! まとめ

　意図のある施策とは、開始前に仮説や次の行動、改善幅の限界が設計されている施策です。また、検証のスケジュールと結果の管理表を用意することで、忘れず検証が行われ、結果を企業の財産にできます。ただし、すべての施策が設計通りにいくものではありません。指標に対して影響が少ないとわかれば、何が原因なのかを分析するようにしましょう。

Section 03
施策の優先順位

スピードとインパクトの視点で施策の優先順位を定めます。優先順位がないと、悪循環を招き、機会損失を起こしてしまう可能性があります。

優先順位の視点

施策にも優先順位が必要です。施策が1つだけということはなく、どの施策をどの順番で実施するかを考えなければなりません。優先順位を決めるときに必要な視点は、やはりスピードとインパクトです。

施策には、短期的なものと中長期的なものがあります。たとえば、Web広告による集客は短期的なものといえ、目の前の売上を上げるために集客を行います。反対に、サイトリニューアルは中長期的なもので、時間はかかりますが、それ以降は継続的な効果を得られます。

このようなスピードの視点に加え、その施策を行うことにより、どれだけ目標達成に近づくかというインパクトの視点も必要です。Web広告により売上が単月20%アップする、サイトリニューアルを行うことにより売上が毎月10%アップするというように、目標への貢献度が高いかどうかも加味する必要があります（図7-5）。

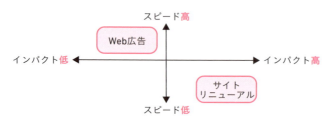

図7-5 スピードとインパクトの視点で施策を分類する

この2つの視点のどちらを優先するかは、そのビジネスのステータスによります。もし、サイトの改善はやり尽くしているのであれば、Web広告で集客する方が優先順位は高いといえます。反対に、サイトがボロボロな状態でWeb広告を行っても意味はないでしょう。このように、スピードとインパクトの視点から施策を分類し、そのビジネスのステータスによって施策の優先順位を定めてください。

優先順位がないことによる悪循環

施策の優先順位が定まっていないと、その施策自体が失敗に終わることがあります。前述のように、サイトがボロボロな状態でWeb広告を行っても、ほとんどの場合は失敗に終わり、広告にかけた費用がムダになってしまいます。広告費のムダという金銭的な損失だけで終われば、まだマシです。最悪の状況は、失敗例として認識されてしまい、今後何があってもその施策を実施しないという風潮が社内や関係者に広まってしまうことです。

そして、これは組織や関係者の誰かが悪いというわけではありません。当たり前ですが、失敗した施策をそう何度も行うわけにはいきませんし、その側面では正しい判断ともいえます。このような状況になってしまう原因は、優先順位の間違い、あるいは優先順位を考えていないことに起因します。

優先順位は柔軟に変動させる

施策の優先順位の重要性をお伝えしましたが、当初に定めた優先順位が絶対ではありません。状況に応じて、柔軟に見直すようにしてください。なぜなら、かたくなに優先順位を守っていては、機会損失が生まれる可能性があるからです。

先ほどの例から考えてみると、まずボロボロなサイトの一部分の改善に

着手したとします。その一部分を改善しただけで、大きくサイトのCVRが向上したとしたらどうしますか。Web広告のことはいったん忘れて、そのままサイトの改善を続けるべきでしょうか。その選択も正解です。

　しかし、その企業において、その時期が1年間の中で最大の繁忙期だとしたら、手間のかかるサイトの改善は一時停止し、Web広告を行ってみてもいいかもしれません。このように状況を考慮して、優先順位は柔軟に検討しましょう（図7-6）。

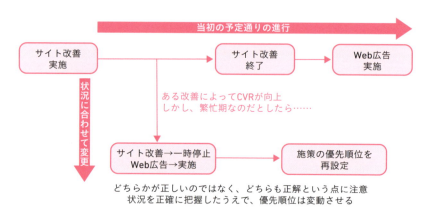

図7-6　状況に応じて優先順位を変更する

　優先順位は柔軟に変更するべきですが、むやみやたらに変えてはいけません。優先順位を定めるときと同様に、そのビジネスのステータスや状況から判断してください。

　また、一時的に優先順位を変え、施策を行ったことにより、ステータスや状況は変わっているはずです。そのため、再度スピードとインパクトの視点から施策を分類し、現状に合わせた優先順位を再設定するようにしてください。

! まとめ

　現状のステータスから、スピードとインパクトの視点で施策に優先順位を設定してください。優先順位がないと悪循環を招く可能性があります。そして、ステータスも変わるため、一度優先順位を変更した後は、あらためて状況を見極めるようにしましょう。

Section **04**

よい施策を常に
ストックしておく

日常から意識的に施策の情報を集めるようにして、よい施策は共有します。担当者が共有し合うことにより、施策のストック量が増えますし、新たな気付きが得られることもあります。

日常から施策をストックする

効果のある施策は、そう簡単には思い付けません。効果のある施策、正確にいうならば、その状況で効果が出る可能性が高い施策を立案するには、その施策を知らなければなりません。

私たちは1人の消費者として、常にさまざまな施策に触れています。街を歩けばポスターや看板がそこかしこにあり、テレビでは時間や番組に合わせたCMが流れています。もちろん、Webも多くの施策であふれています。よい施策を学ぶ場は日常にあり、見たものを理解し覚えるようにしておけば、施策の立案に大いに役立ちます。

そのため、まずは身の周りに施策があふれていることを意識することが大切です。ただし、意識しても忘れるものは忘れます。メモを取る、写真を撮るなどして、記録するようにしましょう。そして、集めた施策をときどき見返し、自分がなぜそれに注目したのかを考えるようにしてください（図7-7）。こういったこと日常的に繰り返すことにより、よさそうな施策のストックができていきます。

No.	日付	キャプチャや施策内容	注目した理由	施策意図の予想
1	2019/3/1	○×塾 マンツーマンコース 安心価格！　Go ○×塾 科目ごとの成績保証 駅前OPEN　Go	塾というサービスで動的ディスプレイ広告が配信されていたため	コースや教室単位で商品として考えれば、レコメンド広告もできる。コースや教室数が多い場合は有効。塾以外でも同じような考え方ができそう

図7-7 施策メモの例

ナレッジの共有

■個人のナレッジを増やす

　よい施策をストックするもう1つの方法として、チームでナレッジを共有することが挙げられます。ナレッジとは、単なる知識ではなく、その人の経験やテクニック、問題解決の手法など実践的な知見を含んだ概念を指した言葉です。

　各個人が持っている知識やノウハウ、経験は異なります。それを、その人だけの独自のものとはせず、チーム全員で共有し、他の人でも再現可能なものとすることにより、1人あたりのナレッジ量は増えていきます。

　また、共有することにより、そこからさらなる改善案や施策、ノウハウが生まれてくることもあります。これは複数の視点になることで、気付きが得られるからです。

　ナレッジを組織で共有・管理する手法をナレッジマネジメントといい、野中郁次郎氏と竹内弘高氏が提示したSECI（セキ）モデルというフレームワークも存在します（図7-8）。

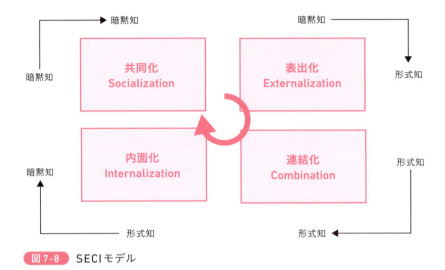

図7-8 SECIモデル

■ナレッジマネジメントを始める際のコツ

　マネジメント手法やフレームワークがあるということは、簡単なものではないということです。ナレッジマネジメントが難しい理由は、各個人で仕事への意識の差があるためです。情報共有が面倒だと考える人や、自分のノウハウや経験を知られたくないと思う人も組織には存在します。いろいろな人がいるため、仕方がない部分ではあります。

　しかし、この壁は「組織全体で行うとしたら」という前提条件があってのことです。よい施策をストックするという目的であれば、まず自分のチームや仲がいい同僚・先輩など、情報交換が好きな人たちと少人数で始めればよいのです。

　もちろん、共有者が多ければ多いほど、ナレッジが多く集まる可能性は高まりますが、共有者を多くした結果、ナレッジがうまく共有されないのでは本末転倒です。それよりも、まずは少人数で開始し、広がりがありそうであれば、組織全体で取り組む方法を考えればいいでしょう。

! まとめ

　その状況下で効果が高いであろう施策を思い付くために、よい施策を日常的にストックするよう意識してください。そして、まずは身近な人たちとで構いませんので、積極的にナレッジを共有しましょう。共有し合うことで新たな気付きを得て、施策のストック量を増やしてください。

Section **05**

戦略に立ち返る癖を付ける

施策を繰り返し実行していると、いつの間にか戦略を忘れることがあります。戦略に立ち返る癖を付けるために、チェックポイントを設けるようにしましょう。

戦略に立ち返るチェックポイント

戦略からズレた施策を行ってしまうと、目標を達成することができません。このようなことが起こらないよう、ズレがないかどうかを確認するチェックポイントを設けるようにしましょう。

■チェックポイント①　新しい施策を考えるとき

戦略を忘れやすいタイミングは、新しい施策を考えているときです。施策を考えることに夢中になってしまうからです。夢中に考えることは悪いことではありませんが、そうやって考えた施策が戦略に沿っているかどうかを見直さずに実施してしまうと問題があります。

■チェックポイント②　数値や状況を確認するとき

また、施策を実行し、数値や状況を確認するタイミングでも、戦略のことを忘れてしまいがちです。これは、数値の意味を考えることに集中していることも一因ですが、数値は議論が起こりやすいのも大きな原因です。

■チェックポイント③　議論をしているとき

議論はうまく進めなければ、本質から脱線してしまい、戦略から離れてしまいます。議論が複雑になっていると感じたら、戦略を思い出し、議論

を本筋に戻すよう心がけましょう。

　チェックポイントを設け、意識的にチェックすることを習慣にしてください。習慣化されると、それは癖になります。そうすると、意識せずに戦略に立ち返ることができます。
　また、「迷ったら戦略に立ち返る」ということが最も大事です。正しく戦略が構築できていれば、その中にヒントが埋まっているものです。

戦略に合った施策かどうか判断するために

　ある目的を達成するための施策は多種多様です。たとえば、新規購入者の獲得が戦略だったとして、新規ユーザー数の増加をKPIに設定したとします。これを達成するための施策は、Web広告、SNSでのキャンペーン、さらにはTVCMなど、いろいろと思い浮かびます。
　それでは、どの施策が戦略に最も合致しているでしょうか。戦略のことだけを考えていても、これは判断できません。判断するためには、戦略がどのような経緯で定められたのかを考慮することが必要です。第2章で述べたように、戦略はさまざまな要因から定められます。外部環境、内部環境、ターゲットユーザーなどの要因を、あらためて確認してみてください。知るという行為は、発想を広げることにも役立ちますが、発想を制限するためにも利用できます。
　たとえば、いまの事業ステータスでは多額の広告費を捻出すべきでないと知っていれば、TVCMなどのマス広告は選択肢から外すことができます。Web広告の競合が激しいと知っていれば、これも難しいと考えられるでしょう。一方でSNSはターゲットユーザーの活用率が高く、自社のフォロワーの質も高いとなれば、キャンペーンを行ってみる価値がありそうです。
　このように戦略が定められた経緯、つまり戦略を定めるときに集めた多くの情報を知っていれば、施策の取捨選択が可能になります。知ることか

ら、すべては始まります。もし、戦略策定から携わっていないとしても、さまざまなことを知るように努め、判断基準を持つようにしましょう。

> **❗ まとめ**
>
> 　繰り返し施策を実行していると、戦略に沿わないものが出てきます。施策を実行する前、結果を検証するとき、会議中など、さまざまなタイミングで戦略に立ち戻る癖を付けてください。そして、戦略に沿った施策かどうかの判断基準は、どれだけその企業やビジネスのことを知っているかがポイントになります。

Section 06
検証するときの注意点

施策の検証では、数値やその差異の大きさ、幅に注意するようにします。また、統計的な視点も大切です。しかし、そういった視点を絶対とするのではなく、「行動中心の意識」を持つよう心がけてください。

検証の注意点

施策は必ず検証します。Webでは基本的に数値による検証を行いますが、いくつかの注意点があります。たとえば、ある施策を行ったことにより直帰率が5%改善したとします。さて、この数値の変動に意味はあるでしょうか。月間のセッション数が1,000増加した場合はどうでしょうか？

このような場合、その数値だけで検証すると判断を誤ってしまいます。直帰率の例でいえば、月間1,000万というセッション数があるサイトだったすると、直帰率5%改善が与えるインパクトは大きいですね。一方、このサイトで月間セッション数が1,000増加したとしても、与える影響は微々たるものです（図7-9）。極端な例ではありますが、このように元の数値や、そこからの乖離の幅を考えずに検証をしなければ意味がありません。

例）月間セッション数1,000万のサイト

●直帰率が60%から55%に、5%改善した場合
　改善前：直帰数600万
　改善後：直帰数550万
　→50万もの直帰が改善できたため、意味があるといえる

●月間セッション数が1,000増えた場合
　改善前：月間セッション数1,000万
　改善後：月間セッション数1,000万＋1,000
　→0.01%アップしただけのため、誤差といえる

図7-9　施策検証の例

統計的な視点

　統計学には、仮説検定と呼ばれる手法があります。これは、ある物事が偶然なのか、起こるべくして起きたのかを判定する手法です。

　たとえば、1/2の確率で勝てるゲームがあったとします。このゲームを5回連続で勝利した人がいたとして、この人の勝利はイカサマだと証明したいとします。そのために、この勝利はイカサマではないという仮説が正しいかどうかを検証します。このように、仮説検定では主張内容と反対の仮説を否定することで、主張内容が正しいと証明するのです。

　まず5回連続で勝利する確率を計算すると、$(1/2)^5 = 1/32$ 、つまり3.125％です。この確率はとても低いので、イカサマのように思えます。しかし、本当に偶然でないといえるのかという点には疑問が残ります。偶然ではないと判断する基準は有意水準といい、よく5％や1％に設定されます。

　つまり、有意水準を5％とした場合、3.125％という偶然ではない確率で勝利しているため、イカサマが行われたといえます。言い換えると、当初に立てた仮説（帰無仮説）は正しくない（棄却された）ため、イカサマが行われたといえるということです。仮説検定はこのように行われています。

　仮説検定について簡単に紹介しましたが、このような統計的な視点は有用です。また反対のことをいうようですが、この視点だけが絶対ではありません。統計的な検証はもちろん重要ですが、それ以上に大切なのは行動です。

　数値には意味があるほどの差はなくても、傾向から仮説を立てられることがあります。その仮説に明らかな間違いがないのであれば、数値として表れるのを待つのではなく、それにもとづいた行動を起こすべきです。何も行動を起こさず施策を続けている間に、競合他社が同じ仮説をもとに成功してしまったらどうでしょうか。それは機会損失です。

　現在のWebマーケティングは、特にスピードが求められています。それ

は環境の変化やトレンドの移り変わりが、昔と比べてとても速くなっているからです。検証することを怠ってはいけませんが、**分析は8割で十分**ともいわれています。仮説を思い付いたら、詳細な検証よりもどう行動を起こすか考えるようにしてください。

> **！ ま と め**
>
> 　施策の検証をするときは、結果だけではなく、元の数値や、そこからの差も踏まえて検証するようにしましょう。統計的な視点は必要ですが、それが絶対ではありません。検証をないがしろにしてはいけませんが、次の行動につなげる意識を強く持つようにしましょう。

☕ Column | 平均値と中央値、最頻値

　データを検証するときに平均値を使うことが多いと思いますが、平均値だけでは適切な検証ができない場合があります。中央値、最頻値という値も理解しておきましょう。

　中央値はデータを小さい順で並べたときに、中央に位置する値です。最頻値はそのデータの中で、最も高い頻度で出現する値を指します。

　たとえば、10が5個、5が4個、1,000が1個というデータがあったとします。この場合の平均値は107です。何か違和感がないでしょうか。これは、1,000というとても大きいデータに平均値が引っ張られているため、実情とは合わない値になってしまっているのです。

　こういった場合は中央値を使いましょう。この例の中央値は10となるため、違和感がなくなります。平均値は、平均値を中心に左右均等のばらつきがあるデータの場合に有効です。上記の例のように、左右不均一なデータや、大きく外れたデータがある場合は、中央値を使うか、大きく外れたデータ（外れ値）を除いてから平均値を算出するようにします。ただし、中央値は比較には向かない値なので注意してください。

　また、例から最頻値を考えると、10の出現回数が最も多いので最頻値は10です。最頻値はデータに偏りがあり、ある範囲にデータが集中している場合に活用しやすい値です。ただし、データの数が少ないと意味を見出せないので注意してください。

> Chapter

8

データから課題を
発見する

分析の基本は大きな視点で全体を把握してから、小さな視点で考える
ことです。サイトの改善には、サイト全体の構造を理解している必要
があります。複眼的な視点でデータを使いこなすためのポイントを見
ていきましょう。

Section 01
サイトの導線を意識する

　課題を見つけて改善するためには、まずサイト全体の姿形を理解していなくてはなりません。ここではサイトの導線改善の基本について触れます。

導線とファネル

　どのようなビジネスモデルのサイトも、基本的には図8-1のようなファネル型の構造となっています。

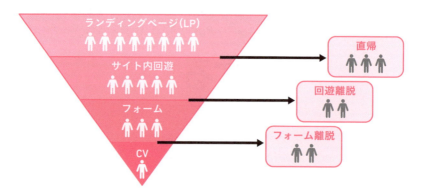

図8-1　サイトはファネル型の構造

　これはサイト上のユーザーの行動を表していますが、ユーザーに取ってほしい行動ともいえます。「訪問→回遊→フォーム（カート）→コンバージョン」の流れをスムーズにするためにサイトの改善は行われます。もちろん、サポートサイトやメディアサイトではフォーム（カート）がなく、コンバージョン地点も異なりますが、基本的にはこの構造です。

そしてこれも当たり前ですが、ファネル型であるため、コンバージョン地点に近づくほどユーザーの数は少なくなります。つまり、各ステップで離脱するユーザーの数を減少させることで、コンバージョン数を増加させることができます。どのステップの離脱が多いのかを把握することは必須といえます（図8-2）。

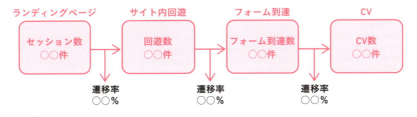

図8-2　遷移率を把握して改善すべき箇所を見つける

ファネルのどこから改善すべきか

　ファネルごとの数値をつかんだとして、どこから改善すればよいでしょうか。セオリーでいえば、コンバージョン地点に近い数値から改善すべきです。なぜなら、コンバージョン地点に近づくほど、ユーザーのニーズは高まっているはずで、そういったユーザーを取り逃がすことが最も「もったいない」からです。

　たとえば、フォーム（カート）からコンバージョン地点への遷移率が低かったとしましょう。フォーム（カート）までたどり着いたユーザーは、サイト内を見て自身の課題を解決してくれると思ったため、問い合わせや購入を行おうとフォームにアクセスしたはずです。そういったニーズの高いユーザーをあと一歩のところで取り逃がしているといえ、改善する価値が高いといえます。

　一方、直帰率が99.9％もあるようなサイトであれば、まずはこれを改善しなければ閲覧すらしてもらえません。数値や状況に合わせて、改善箇所の優先順位を決めてください。

! まとめ

　基本的なサイトの構造を理解し、ユーザーの流れを把握しましょう。導線改善のセオリーは、「コンバージョン地点に近いところから」ですが、すべての状況に当てはまるわけではありません。数値や状況から改善点を導き出し、優先順位を決めましょう。

Section **02**

全体の傾向を知る

　分析は、まず大きな視点で捉え、次に小さな視点で考えることが基本です。そしてやはり、数値を見る前に対象のサイトを理解できているか確認することが大切です。

対象のサイトを理解する

　分析となると、Googleアナリティクスなどのアクセス解析ツールの数値から見ようとしてしまいます。アクセス解析ツールには多くの数値が用意されているため、そこから考えたくなる気持ちはわかります。

　しかし、アクセス解析ツールを見る前に、まずはサイトをじっくり見てください。対象となるサイトの目的、主要な導線、構造、デザイン……これらを理解していなければ、数値の意味を正しく理解できません。

　多くのサイトは、自社の顧客となりうるユーザーに利用されなければ、存在理由はないといえます。また、単に利用できるだけではユーザーの印象には残りづらいものです。現代では、ユーザーが便利に、心地よく、価値を感じるサイトであるかどうかが、顧客になってもらうために重要です。

　そのため、まずユーザーの気持ちとなってサイトをチェックしましょう。サイト内を回遊したり、実際にコンバージョンしたりしながら、どこに便利さや心地よさ、価値を感じるかをチェックします。反対に不便、不満、不快に感じる部分があれば、それらも重要な点です。よい部分も悪い部分も、普段からキャプチャやメモとして残しておくといいでしょう。数値を見るタイミングで役立ちます。

　次にサイト構造も理解してください。サイト構造の理解とは、そのサイトにはどんなページがあり、それらがどのようにつながっているかを把握

することです。図8-3のようなサイトマップやサイトストラクチャを作成すると便利です。構造の把握は、各ページの役割や導線の意図の理解にもなります。ここでも不足や不要なものがないかをチェックし、数値を見るタイミングで確認するようにしてください。

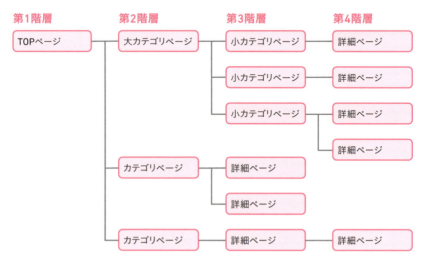

図8-3 サイトマップの例

全体傾向を把握する

サイトを理解できたら、次は数値を把握しましょう。まずは対象となるサイトの傾向をつかむために、**月別のセッション数など大まかな数値**からチェックしてください。最初に詳細な数値から把握してしまっては効率的ではありません。あるページの直帰率が75％、というような数値ではなく、大まかな数値を把握しながら、どこに課題がありそうか予想していきます。

このときに役立つのが、第4章で紹介した基準値です。対象のサイトの全体傾向を把握しながら、基準値から外れた値を見つけ、仮説を立てます。サイトをチェックしたときと、数値をチェックしたときの2種類の仮説をもとに数値を掘り下げ、課題を見つけていきます。

課題発見のために確認すべき指標

全体傾向の把握において見るべき、具体的な指標を次に示します。

■日、週、月別のトレンド

時系列での数値の推移を確認します。日、週、月別の主要な指標（セッション数、ページビュー数、新規率、直帰率、コンバージョン数、CVRなど）を確認し、上昇傾向か、下降傾向か、月や週ごとのトレンドはあるかを把握します。

■チャネル、参照元／メディア

チャネル、参照元／メディアごとの主要指標を確認します。どのチャネルからの流入が多いのか、どの参照元／メディアからのCVが多いのかなどを把握します。

■デバイス別

PC、スマートフォン、タブレットごとの主要指標を確認します。最近ではBtoB業界であっても、スマートフォンからの流入が増えているケースもあります。必ずデバイスごとの数値を把握してください。

■ランディングページ、閲覧ページ

流入が多いランディングページはどれか、よく見られているページはどれかを把握していきます。

■新規ユーザー、リピーターごとの数値

新規ユーザーおよびリピーターの主要な指標を確認します。リピーター中心にコンバージョンが多いのか、新規ユーザーが多いサイトなのかなどの傾向を把握しましょう。

■**主要導線の遷移率**

　サイトは、ランディングページから始まり、サイト内を回遊してフォームに到達し、そしてコンバージョンするという導線が基本です。この導線の遷移率も把握しましょう。

　全体傾向を把握しながら、気になった数値があればメモに残しておきます。その数値や、サイトの理解で気になった部分の数値を掘り下げて課題を見つけ出す、これが分析の基本的な流れです。

> ⚠ ま と め
>
> 　アクセス解析ツールなどの指標を見る前に、まずは対象となるサイトを必ず確認しましょう。アクセス解析ツールなどでは、詳細な数値から見るのではなく、全体傾向を把握しながら課題がありそうなところに目星を付けていきます。

Section 03
データを絞り込んで比較する

　データを絞り込むこと、比較をすることは分析においてとても重要です。その本質を理解しましょう。

データを絞り込むことの重要性

　CVRが1.5%というデータだけを見ても、気付きを得ることはできないでしょう。しかし、デバイスを絞り込んで、PCでのCVRが0.5%、スマートフォンのCVRが2%というデータとして見れば、スマートフォンの方がCVRが高いとわかります。このように、データは絞り込むこと（セグメント）が重要といえます。

　もちろん、むやみやたらに絞り込めばいいというものでもありません。絞り込んだデータごとに特徴を持たせられるかが大切です。

　たとえば、自然検索からの流入と外部サイトからの流入の数値が似ているのであれば、この2つを比べてもあまり意味はありません。これはデータをチャネル別に絞り込んではいるが、特徴を持たせられなかったといえます。

　また、絞り込むことでデータ量が極端に少なくなってしまっては、そのデータに対しての信頼性が失われてしまいます。セッション数が2しかないようでは、誤差の範囲です。

　望ましい絞り込み方は、データに特徴を持たせ、信頼性を担保できる量があり、そして、次のアクションをイメージできるものです。データを絞り込む理由は、課題を発見し、改善策を導き出すためだということを念頭に置くようにしましょう。

絞り込んだデータは比較する

　絞り込んだデータであっても、比較しなければ、良い・悪いの判断はできません。単一のデータで良い・悪いが判断できていると思っていても、それは自分の中の基準値と「比較して」判断しているのです。

　比較とは、同属性だが異なるものを比べて、意味を見出すことです。自然検索からの流入の数値と、閲覧ページの数値では比較はできません。これは属性が異なるためです。自然検索からの流入の数値と、外部サイトからの流入の数値の比較であれば、同属性ではあるが異なるものを比べているため、意味を見出すことができるのです。

　データを比較する最も基本的な手法はクロス集計で、活用の幅が広いといえます。具体的な活用方法としては、以下の3つがあります。

■掘り下げる

　粒度の粗いデータから細かいデータに掘り下げて、より詳細なデータで比較する方法です。たとえば、年別で集計していて明確な気付きが生まれないようであれば、月別や日別まで掘り下げます（図8-4）。

年	自然検索	外部サイト
2018年	5,000	4,000
2019年	6,000	5,000

月	自然検索	外部サイト
1月	1,000	500
2月	800	400

図8-4　データを掘り下げる例

■切り出す

比較が曖昧な場合に、特定の条件でデータを切り出して比較する方法です。たとえば、ランディングページごとの直帰率を比較してもあまり差がなかったとき、チャネル別に切り出して比較するようなことです（図8-5）。

ランディングページ	チャネル	1月	2月
A	自然検索	30%	40%
A	外部サイト	75%	80%
B	自然検索	70%	80%
B	外部サイト	65%	75%

図 8-5 データを切り出す例

■切り替える

比較する軸を切り替えて、データを比較する方法です。たとえば、性別ごとのコンバージョン数の比較を年齢別に切り替えて比較するといったことです（図8-6）。

性別	1月	2月
男性	10	15
女性	12	11

年代	1月	2月
20代	2	8
30代	20	18

図 8-6 データを切り替える例

クロス集計のポイントは、傾向や関係性を把握できるようにすることです。比較の目的は「○○の方が××より△△だ」というような傾向を探ることと、「○○と××は△△の関係性がある（またはない）」という関係性を見つけるために行います。このような結論を導き出せるように、データを掘り下げてみたり、特定の条件で切り出してみたり、軸を変えてみたりしてみましょう。

! まとめ

　データは絞り込み比較することで、効果的に活用できます。絞り込むポイントは、絞り込んだデータに特徴を持たせ、信頼性を担保できる量を残し、次のアクションをイメージできるようにすることです。そして、絞り込んだデータをクロス集計などで比較し、気付きを得るようにしましょう。

Section 04
Googleアナリティクスから数値の全体傾向を把握する

本章でこれまで説明してきた、数値から全体傾向を把握する具体的なフローを、Googleアナリティクスを使って説明します。

レポートの4つのカテゴリ

まず、Googleアナリティクスのレポートには大きく4つのカテゴリが存在します（図8-7）。

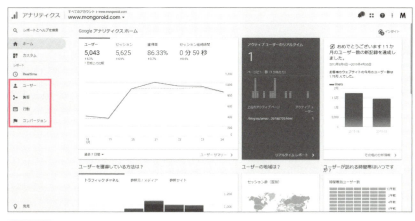

図8-7　Googleアナリティクスのレポートのカテゴリ

この4つのカテゴリを見るときも、大きな視点から小さな視点へ向かうようにして数値を確認します。具体的には以下の順番です。

①ユーザー
②コンバージョン

③集客

④行動

　細かい数値から確認すると時間がかかってしまいますし、そのサイトの数値の全体感がつかめていない状態では、データの読み違いが起きてしまいます。ただし、これは基本的な考え方です。これを理解したうえで、気になる数値があれば、その都度細かい数値まで掘り下げても構いません。単純な話ですが、いろいろな数値を見ていると、後で掘り下げようとしても忘れてしまうことがあります。自分のやり方を身に付けましょう。

ユーザーのカテゴリで確認すること

　ユーザーのカテゴリでは次の4つを確認するようにしましょう。

■①主要な指標のトレンド

　次のような主要な指標は、日、月、年の推移を把握します。

- セッション数
- ユーザー数
- ページビュー数
- 直帰率など

■②新規／リピーター

　新規ユーザーとリピーターのどちらが多いのか。また、時系列で推移を把握します。

■③デバイス比率

　どのデバイスからのセッション数が多いのか。また、時系列で推移を把握します。

■④ユーザー属性

次のようなユーザー属性を把握するための情報をチェックします。

- 年齢
- 性別
- 興味関心など

ユーザー属性に関しては、Googleが独自に算出したデータのため、正確なものではありません。しかし、傾向をつかむために見ておいて損はないでしょう。

コンバージョンのカテゴリで確認すること

コンバージョンのカテゴリで確認するのは次の2つです。

■①コンバージョンのトレンド

コンバージョン数とコンバージョン率の推移（日、月、年）を把握します。複数のコンバージョン地点を設定している場合は、それぞれの推移をチェックしましょう。

■②コンバージョンまでの日数、経路数

コンバージョンに至るまでにかかった日数と経路数を確認します。これにより、コンバージョンまでの検討期間を把握することが可能です。

集客のカテゴリで確認すること

集客のカテゴリでは、次の3つを確認しましょう。

■①チャネル別の数値

各チャネルの数値とその推移を把握します。

■②参照元・メディア別の数値

各参照元・メディアごとの数値とその推移をチェックします。

■③自然検索キーワード

セッション数が多いキーワードから、ユーザーニーズを仮定します。

自然検索キーワードは、Googleアナリティクスではほとんど取得できません が、第3章で紹介したように、Googleサーチコンソールと連携することで閲覧可能です。

行動のカテゴリで確認すること

行動のカテゴリでは、次の3つを確認します。

■①ランディングページ別の数値

ランディングページごとの数値と推移を把握します。

■②ページ別の数値

よく見られているページ、反対に見られていないページはどれか。その推移も確認します。

■③離脱ページの把握

離脱が多いページはどれか。その推移もチェックしましょう。

このように大きな視点から小さな視点へ向かうようにGoogleアナリティクスからデータを確認することで、数値の全体傾向を把握することができます。

> ## ! まとめ
>
> 　Googleアナリティクスでは、大きく分けて「ユーザー」「コンバージョン」「集客」「行動」の4つのカテゴリがあります。数値を見るときは、大きな視点から小さな視点へ向かうのが基本です。数値の全体を把握することが第一だと理解したうえで、気になる数値があれば掘り下げていきましょう。

Section **05**

ユーザー、事業、競合他社の視点で気付きを得る

　データを有効活用するために欠かせないのが、先入観をなくすことです。ユーザー視点だけではなく、事業視点、競合他社の視点も合わせた複眼的な視点で気付きを得て、活用の精度を上げるようにします。

ユーザー視点での気付き

　データは絞り込んで比較するものと書きました。Web分析・改善は課題から改善案を導き出し、事業に成果をもたらすことを目的としています。

　そのためには、データから良質な気付きを得ることが重要であり、ユーザー、事業、競合他社の3つの視点を持つ必要があります。

　気付きは、データから違和感を察知することが第一歩です。そして、その違和感から疑問や原因、理由や意味を思い付くことが重要です。そのためには、先入観を持たないよう意識しなければなりません。「こうなっていることが当たり前」という思考ではなく、「なぜこうなっているんだろう」という疑問を持つことが重要なのです。

　データはまずユーザー視点で捉えてください。データはユーザーがサイトを利用することによって生じます。ペルソナを作成しているのであれば、それを確認しながらデータを見るようにしましょう。

競合他社の視点での気付き

　ユーザー視点の次は、競合他社の視点でも見るようにしてください。競合他社のサイトや施策などを見ることにより、気付きをブラッシュアップするイメージです。

このときにチェックする競合他社は、自社がベンチマークしている企業や、目標としている企業がよいでしょう。ユーザー視点で得た気付きが競合他社のサイトや施策で実践されているのであれば、その発見は精度が高いといえるでしょう。反対に、他社で行われていないようであれば、それはなぜかという疑問が生まれ、気付きの精度を高めることができます。もちろん、ブラッシュアップするだけでなく、ユーザー視点では得られなかった発見もあるでしょう。

　いずれにしても、競合他社の視点を通すことで気付きの精度を評価することができるのです。

事業視点での気付き

　事業視点とは、売上や利益などのビジネスの成果を踏まえた視点です。簡単にいえば、金銭感覚を持った視点ということです。つまり、「儲かりそうか」という点で評価します。

　ビジネスの成果につながらないような気付きは、不可欠なものではありません。しかし、不必要でもありません。それがいまのビジネスの成果につながらないだけであって、これから必要になるかもしれません。そのため、施策と同様にストックしておきましょう。

　ここまでの気付きを得る方法は、データからのアプローチです。一方、課題からのアプローチも存在します。事業の課題に関係のあるデータから、気付きを得るという流れです。たとえば、客単価が下がっているという課題があるのであれば、その原因となるものをデータから探します。

　特に事業視点では、事業の課題から気付きを得るアプローチも取り入れるとより効果的です（図8-8）。

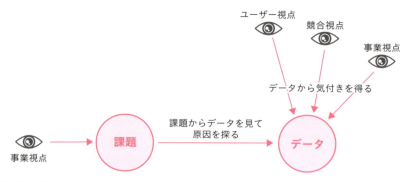

図8-8 気付きを得るためのアプローチ

> **! まとめ**
>
> 気付きはデータから違和感を察知し、それを掘り下げることで得られます。データはユーザーの行動の結果であるため、まずユーザー視点から考えます。そこで得た気付きを、競合他社視点や事業視点で評価し、精度を高めるようにしましょう。

Section **06**

定性的なアプローチを使いこなす

　数値としての定量データだけでは、ユーザーの行動や気持ちをすべて把握することはできません。心情を表す定性データも取得し、さらなる気付きを得るようにしましょう。

定性データとは

　Googleアナリティクスなどのアクセス解析ツールが扱っているのは定量データです。それらは、数値として把握できる量的なものです。しかし、定量データだけですべてを把握することは不可能です。必要に応じて定性データも収集する必要があります。

　定性データとは質的なデータで、数値だけではわからないユーザーの心情が表現されたデータを指します。たとえば、アンケート調査やユーザーテストなどの行動観察により集められたデータが該当します。

　量的なデータではないため、見た人によってデータから受ける感覚が異なります。そのため、定性データは議論の対象になりやすいといえるでしょう。しかし、この議論は悪いものではありません。受け取り方が異なるということは、それだけ仮説を立てられるということです。そうして生まれた仮説を定量データと組み合わせ、ユーザーの心情に沿った仮説まで落とし込んでいきます。

オンラインツールで定性データを取得する

　定性データの取得には、高い費用がかかると思うかもしれません。しかしいまでは、安価にかつ簡単に定性データを集められるようになってきて

います。

　Googleサーベイなどのオンラインツールを使えば、オンライン上で気軽に回答できるアンケートを実施できます(図8-9)。気軽な分、信頼性は若干落ちますが、傾向はつかめます。

図8-9　Googleサーベイ

　また、ヒートマップツールも定性データの収集に役立ちます。ユーザーがそのページ上でよく見ている部分やスクロール率などをサーモグラフィのように表現してくれるので、**数値だけではわからないデザイン上の発見**があるでしょう(図8-10)。ヒートマップツールも安価に提供されているものが多いです。このようなツールを使い、定性データも収集していきましょう。

図 8-10 ヒートマップツール

定性データ取得におすすめのユーザーテスト

　定性データを収集する手法でおすすめなのがユーザーテストです。これは被験者に対して、用意したシナリオに沿ってサイトを利用してもらい、使い勝手や直感的な意見を収集する手法です。設計段階では想定できなかったサイト上の行動や意見を得られ、ユーザービリティの改善につなげることができます。

　通常は対象となる被験者を集めて実施しますが、簡単な方法として新入社員にテストしてもらってもいいでしょう。ユーザーテストは、対象となるサイトを知りすぎていない人に、消費者の感覚で行ってもらうことが前提条件です。新入社員は被験者としてちょうどいいのです。

　ユーザーテストを実施する際のポイントは、シナリオとリラックスできる環境を準備することです。サイト上でどのような行動を取ってほしいのかというシナリオがなければ、被験者は何をすればいいのかわからず、混乱してしまいます。ECサイトであれば、「トップページから気になる商品を探し購入する」といったような簡単なシナリオで構いません。リラックスできない環境で行っても、普段とかけ離れた行動となってしまいます。

　そして、重要なポイントですが、テスト中に被験者が想定とは異なる行

動を取った場合、すぐになぜその行動を取ったのかを聞いてください。テスト後に聞くと、自分の頭で整理した理論的な答えとなってしまい、感覚的な答えを得ることができません。定性データでは感覚的な情報が大切です。「なんとなく使いづらい」のような感覚は、ユーザーの心情を最も表しているといえます。そういった情報を集め、なぜ使いづらいのかを掘り下げることが、定量データでは見えなかった発見につながります。

　上述した方法は簡易的なユーザーテストの方法ですが、それでもいままで気付いていなかった課題を見つけることができます。

> **！ まとめ**
>
> 　定量データに加え定性データも取得し、ユーザーの心情から気付きを得るようにしましょう。いまでは安価なツールも出てきているため、積極的に活用してみてください。ユーザーテストは簡易的にも実施でき、意外に多くの発見がある手法です。こちらも活用してみましょう。

Section 07
データには間違いもある

データはすべて正しいように思えますが、実際には間違いも潜んでいます。間違いに気付けるようになると、データ活用のレベルが上がります。

間違いがあることを認識する

データは絶対的に正しいわけではなく、間違っていることもあります。その間違いの多くは人的ミスに起因します。たとえば、アクセス解析ツールの設定ミス、集計方法のミス、単純な入力ミスなどが挙げられます。

アクセス解析ツールの多くは、タグによってデータを収集します。たとえばGoogleアナリティクスでは、トラッキングコードと呼ばれるJavaScriptがタグにあたります。このタグがページに挿入され反応することにより、さまざまなデータがアクセス解析ツール上で表現できているのです（図8-11）。

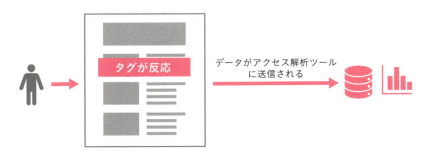

図8-11 アクセス解析ツールのデータ収集の仕組み

このような仕組みのため、タグの設置に不備があれば、データにも不備が発生してしまいます。アクセス解析ツールのタグはそのサイトのすべてのページに設置することが基本ですが、あるページだけ設置されておらずデータを取得できなかったり、タグを複数設置していたためデータの重複が起こったりします。単純なミスですが、意外とよくあることです。

アクセス解析ツールでは、さまざまな種類の膨大な量のデータを取得できます。そのデータを詳細に分析するには、アクセス解析ツールの画面上だけでは難しく、エクセルなどの表計算ツールを用いることが多々あります。また、分析するためではなく、単に報告資料としてエクセルなどに数値を入力することもあるでしょう。ここでも、よくミスが起こります。もし、間違った報告資料をもとに次の施策を検討したら、判断ミスが起こってしまいます。

データに間違いが出ないように注意することはもちろん必要です。しかしここでいいたいことは、データにも間違いがあることを認識し、ミスに気付くのが重要だということです。

データの根拠から間違いに気付く

データの根拠を知ることも重要です。データがどのような根拠で算出されているかを知らなければ、そこから発見した課題が見当違いのものとなってしまいます。

セッションはどのようにカウントされるのか、新規ユーザーとリピーターはどうやって区分されるのかなど、第4章でも紹介しているように、まずは各指標の意味と根拠をしっかり理解してください。

根拠を知っていると、データの間違いに気付きやすくなります。たとえばページの滞在時間は、現在のページの閲覧を開始した時間から、次のページの閲覧を開始した時間を差し引きすることにより算出されています（図8-12）。

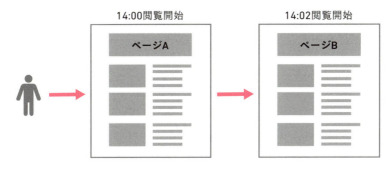

図8-12 ページ閲覧時間の算出方法

　そのため、基本的には直帰したユーザーの滞在時間は0秒と計測されるのです。つまり、直帰したユーザーのはずなのに滞在時間が計測されているとすれば、なんらかのミスが発生していると推測できます。このように、根拠を知ることにより、間違いに気付く可能性を高められます。

> **まとめ**
> 　取得されたデータは必ずしも正しいデータばかりではありません。人的ミスなどによりデータが間違うこともあるということを認識しましょう。また、指標の意味（データの根拠）を正しく理解することで、データの間違いに気付きやすくなります。

Section **08**

定期的にデータ取得ができる体制と仕組みを考える

データを取得する目的には、現状把握や問題発見以外に、効果測定や異常検知もあります。そのために、データを定期的に取得する体制と仕組みを整えるようにしておきます。

定期的なデータ取得が必要な理由

施策は実施してからが始まりです。効果測定や異常検知という視点から、定期的にデータを取得できる体制と仕組みを整える必要があります。つま

No.	取得指標	取得頻度	取得手順	担当者	格納場所	備考
1	ディメンション：ページ メトリクス：PV数、ページ別訪問数、離脱率、離脱改善指標、直帰率	月別	Googleアナリティクスのページ別レポート	Aさん	Googleドライブ Googleアナリティクス＞2019年5月＞ページ別	ページAでフィルタしてダウンロード
2	ディメンション：ランディングページ、チャネル メトリクス：セッション数、直帰率、新規率、CV	週別	Googleアナリティクスのカスタムレポート	Bさん	Googleドライブ Googleアナリティクス＞2019年5月＞LP別	
3	ターゲティング別の表示回数、クリック数、クリック率、CPC、費用、CV、CVR、CPA	週別	広告代理店よりメールで送付	広告代理店	Googleドライブ 広告効果＞2019年5月	
…	…	…	…	…	…	…

図8-13 定期的にデータを取得するための体制を整える

り、誰が、いつ、どうやって取得するのかをフォーマットにし、計画的に取得できるようにします（図8-13）。

　Web分析・改善を行う人だけがデータを取得すればいいわけではありません。その事業に関係がある人全員が取得できるようにし、データへの関心を高めるようにしましょう。関心が高まれば自分ゴトとなり、各自が考えるようになるため、気付きの量を増やすことが可能です。

　定期的なデータ取得は、自動化できないか考えます。データを取得する時間は、極端にいえばムダな時間です。データから仮説や改善策を考える時間こそ有意義であり、それを増やすために自動化は有効な手段です。

　ただし、自動化には注意点もあります。データを取得する時間はムダかもしれませんが、データに関心を持たせ、自分ゴト化させるという効果があります。つまり、自動化することにより、データを能動的に確認する習慣がない人がデータを見なくなる可能性があるのです。そのため、段階を踏んで自動化を進めてもいいでしょう。

効果測定と異常検知において大切なこと

　定期的にデータを取得する目的は効果測定と異常検知と書きましたが、ここでそれぞれの意味を説明します。

　効果測定とは施策の結果をデータで確認し、KPIから正否の判断を下し、改善案を考えることです。効果測定目的でのデータ収集の注意点は、データの量と差の大きさです。データの量や差が小さければ、判断への信頼性が欠けてしまいます。十分なデータの量や差をもって判断するようにしましょう。

　異常検知とは、傾向とは異なる値が出ていないかを検知することです。平均セッション数100／日というサイトで、ある日だけセッション数が1,000になったとすると、これは傾向とは異なった値が出ているといえます。このような異常には要因があり、それがプラスに働くものであればよいのですが、マイナスになるなら早急に対策を立てなければなりません。

わかりやすい例でいうと、SNSでの不適切な発言が炎上し、それによりセッション数が増加したのであればマイナスの要因です。この場合、すぐに対策を講じなければ、売上や企業イメージの低下につながってしまいます。

また異常な値には、突然大きな差が表れるものだけではなく、緩やかに上昇・下降している値も含まれます。これを把握するには、日ごとの数値という「点」で捉えるのではなく、日ごとの推移という「線」で数値を捉えるようにします。そして上昇・下降が始まった日を見つけ、変化が起きた要因を探ります（図8-14）。このときに、いつ、どんな施策を行ったのかの記録があれば、要因を見つけやすくなります。

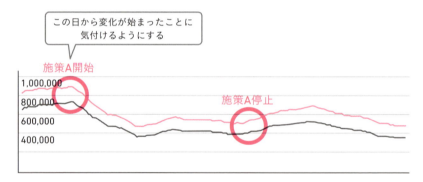

図8-14　緩やかな変化に気付けるように推移をチェックする

> **！ まとめ**
>
> 効果測定、異常検知の目的のために、定期的にデータを取得できる仕組みと体制を整える必要があります。状況に応じて、データ取得は自動化も検討します。そして、定期的に取得したデータから変化に早く気付き、その要因を探り、対応に移せるようにしましょう。

☕ Column | 非顧客を知る

　ユーザーには顧客と非顧客が存在します。本書では顧客となるユーザーを知ることが重要と書いてきましたが、非顧客の理解も大切です。なぜかというと、そこに大きな売上向上の可能性があるからです。

　非顧客とは、その市場全体の顧客ではないユーザー群を指します。そして、非顧客には3つのグループが存在します。

　第1のグループは「消極的な買い手」です。このグループは顧客ですが、いつ顧客でなくなるかわからない層です。第2のグループは「利用しないと決めた買い手」で、自分の中で検討したうえで、あえてその製品やサービスを利用しないと決めた人たちです。そして第3のグループは「市場から距離を置く買い手」です。このグループはそもそも利用を検討したことがない層を指しています。

　これらのグループごとの買わない理由を探り、それを解消することで、売上の向上につながります。特に「市場から距離を置く買い手」を顧客とできれば、新しい大きな市場を生むことも可能といえます。

　顧客のことばかり考えて非顧客を切り捨てないよう、常に意識しておきましょう。

> Chapter

9

データの「見せ方」と「伝え方」

Web 分析・改善は「事業に成果をもたらすため」に行いますが、レポートもそれを踏まえてまとめるべきです。数値を羅列しただけのレポートでは、せっかくの知見が伝わりません。読み手の理解を促し、スムーズに次の行動につなげるためのデータのまとめ方を押さえておきましょう。

Section 01

レポートを作る理由は「事業に成果をもたらすため」

　繰り返しになりますが、Web分析・改善の目的は事業に成果をもたらすことです。つまり、レポートもそのために存在するのです。

レポートの種類と目的

　アクセス解析や広告結果などの数値をまとめたレポートは、成果をもたらすための手段です。クライアントや上司から、レポートが欲しいといわれることがあるでしょう。しかし、本当の意味は、売上や利益、認知度などの成果を向上させるための知見が欲しいのです。レポートはその知見の論理性を高めるための資料です。そのため、数値をただ羅列したものではなく、行動を示唆し、成果をもたらせるようなレポートを作成するよう心がけましょう。

　レポートには、主に次の2種類があります。

- 現状把握や課題発見のためにその都度作成するレポート
- 効果測定や異常検知のための定期的なレポート

　この2つは目的も内容も異なります。前者であれば現状を把握し、課題から改善策を導き出せるような内容であるべきですし、後者であれば施策による結果や変化を観察できるような内容であるべきです。

　このように、レポート作成をするときはどういった目的のレポートが必要なのかをまず考えるようにしてください（図9-1）。

レポートの種類	目的	頻度
現状把握・課題発見	現状を把握し、課題を発見する	必要に応じて都度
効果測定・異常検知	施策の効果や、異常がないかを点検する	日別・週別・月別など定期的

図9-1 レポートの種類と目的

レポートによくある間違い

　正しいレポートを作成するために、またレポートを読むときにそれが間違っていないかを見極めるためにも、よくある間違いを知っておきましょう。

■結論から作られている

　結論から考え、それに合わせたデータしか記載されていないレポートは間違いです。こういうレポートは都合の悪いデータを隠してしまっています。

　提案した施策がうまくいかなかった場合、このようなレポートを作成してしまう人がいます。失敗を報告したくない気持ちもわかりますが、そういったデータに真剣に向き合い、なぜ悪いのか、どうすれば改善できるのかを考えなければなりません。そうしなければ課題が残り続け、結果として大きな損失が生まれてしまうからです。悪いデータには課題と改善案を付けたレポートを作るようにしましょう。

■改善案とデータに整合性がない

　正しいレポートはデータから課題を発見し、それにもとづいた改善案を提示するべきですが、そこがズレている場合があります。

　たとえば、「サイトのCVRが低いため、サイトのデザインを変更しましょう」という改善案はおかしいです。CVRは導線を整理したり、フォームの

項目を工夫したりして改善するものです。

　特に他人の作ったレポートを見るときは、データが横にあるとなんとなく信用してしまいがちですが、改善案の整合性には気を付けてください。

■指標の理解が間違っている

　計算方法やデータ間の関係性など、指標に対する理解が間違っているレポートだと、間違った判断をしてしまいます。

　特に、定期的に作っているレポートで間違いが発覚すると、過去のレポートもすべて修正しなければならなくなり、膨大な工数が発生してしまいます。

■数値しかない

　必要な数値があり、その数値がわかりやすくグラフ化されていたとしても、それだけのレポートに意味はありません。

　上述したように、レポートの目的は事業に成果をもたらすことです。そのため、課題の発見や改善案がなく、数値しかないレポートは間違っています。

■改善案が成果につながらない

　セッション数が10のページの直帰率が高いからといって、その改善案をレポートに盛り込んでも改善のインパクトが薄く、あまり成果になりません。こういった改善案はレポートの情報量を増やすだけで、重要な点がわかりづらくなるので入れないようにしましょう。

> **! まとめ**
>
> 　レポートも事業に成果をもたらすために作ります。レポートは作られる目的によって、内容が変わります。どのような目的かを理解し、よくある間違いを避けて正しいレポートを作成しましょう。

Section **02**

見せ方のルールを決める

レポートは読み手に理解してもらい、行動を促すものでなければなりません。そのためには、読みやすさにも配慮が必要です。読みやすいレポートにするために、必ず見せ方のルールを定めるようにしましょう。

体裁のルールを決める

レポートで一番重要なのは内容ですが、読みやすさにも十分配慮しなければなりません。体裁が整ったレポートであることが重要です。そのため、レポートを作成する前に体裁のルールを定めるようにします。少なくとも、以下の3つはきちんと決めておきましょう。

■色

レポート内で使う色数が多いと、煩雑な印象を与えてしまいます。そのため、1つのレポートで使用する色はできるだけ少なくしてください。可能であれば、色は3つぐらいに絞るといいでしょう。ベースで使う色、見出しに使う色、特に目立たせたい部分に使う色など、色の使い方も統一します。

■フォント、文字の大きさ

1つのレポートで使うフォントも統一することで、読みやすくなります。また、基本的な文字の大きさを統一し、強調するときや補足するときの文字の大きさなども決めましょう。

■**レイアウト**

　ページの役割のごとにレイアウトも定めます。データを伝えるレイアウト、改善案を伝えるレイアウトなどを統一しましょう。こうすることで、読みやすいだけでなく、読み手の理解を促進できます。

　上記以外にも、文章は短くシンプルにまとめる、ページ番号を入れるなど、読み手に配慮したレポートを作成するよう心がけましょう（図9-2）。

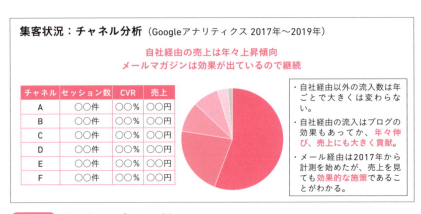

図9-2　見やすいレポートの例

言葉を統一する

　レポート内で使用する言葉は必ず統一します。たとえば、ページによって「セッション数」と書いてあったり、「訪問数」と書いてあったりすると、無用な混乱を招きます（どちらも同じ意味）。Webには同義語が多くあるので、注意が必要です。

エグゼクティブサマリーを付ける

　レポートの始めには、必ずエグゼクティブサマリーを付けるようにしま

す。エグゼクティブサマリーとは、そのレポートの概要や全体の要約をまとめたものです。目的は何で、課題はどこにあり、改善案は何かなど、そのレポートで最も伝えたい内容を1ページ、多くても2ページでまとめます（図9-3）。

　エグゼクティブサマリーがあると、読み手がレポートの内容全体を把握しやすくなるだけでなく、自らの見直しにも役立ちます。

目標と改善施策サマリー　　　　　　　　　　　　　　　　　　Page.1

目標
・KGI①：初級受講者 8,000 名 / 年間、上級受講者 1,500 名 / 年間
・KGI②：上級資格維持率 10%UP

現状確認
・2018 年初級受講者 6,534 名 / 年間、上級受講者 682 名 / 年間
・2017 年上級資格維持率 30%

改善策の方向性
・「ウェブ解析士」を未認知ユーザーの流入数増加
・「ウェブ解析士」未理解ユーザーの理解促進
・受講へのモチベーション向上
・上級資格のメリット醸成・認知

KPI
・広告経由セッション：129,508 セッション UP　　・フォーム入力完了率：1.72%UP
・自然検索セッション：18,485UP　　　　　　　　・上級転換率：8%UP
・広告経由直帰率：80%　　　　　　　　　　　　・訪問頻度：UP
・リピート率：維持　　　　　　　　　　　　　　・支援プログラムページ閲覧者：増加
・サイト回遊率：0.68%UP　　　　　　　　　　　・相談回数 & 交流会参加人数：70 名
・講座回数：増加

図 9-3　エグゼクティブサマリーの例

❗ まとめ

　当たり前ですが、レポートは読み手に理解してもらわなければなりません。そのため、体裁のルールを用意し、使用する言葉やレイアウトを統一する必要があります。レポートの冒頭には必ずエグゼクティブサマリーを付け、全体像を把握しやすくしましょう。

Section **03**

相手によって伝える内容を変える

　誰が見るレポートなのかを考え、相手によって内容を調整しましょう。相手の立場やリテラシーなどによって、知りたいことは異なります。

誰が見るレポートかを考える

　レポートは相手に理解してもらい、さらには行動してもらうためにあります。そのためには、相手によって内容を変えなければなりません。

　たとえば、社長、専務、事業部長などの役職者にとっては、あるページの直帰率が低いといった細部の話は、興味が湧かない内容でしょう。役職者は細部よりも売上や利益など全体の話を聞きたいはずです。反対に現場の担当者であれば、具体的な課題や改善案を聞き、実行に移したいと考えているでしょう。

　このように、誰がそのレポートを読むのかによって、項目や内容を組み替えるようにしてください（図9-4）。

	役員	マネージャー	実務担当
レポート項目例	売上、利益、客単価など企業運営に関わる項目	CV数、CVR、客単価などそのサイト全体の成果に関わる項目	チャネルごとのセッション数、CV数、直帰率など、実務に関係する細部の項目
頻度	月次、または週次	週次、または月次	週次
レポート指標例	売上、利益、客単価、客数、その推移…など	CV数、CVR、客単価、その推移…など	チャネルごとのセッション数、CV数、ページ別の直帰率、その推移…など

図9-4 レポートを見せる相手と必要な情報を整理した例

相手によって伝える内容を変える理由はもう1つあります。それは、相手の<mark>ただの好奇心から新たな仕事が増えるのを避ける</mark>ためです。

　Webはさまざまなデータが取得できるので、いろいろなデータを見たくなってしまうものです。しかし、好奇心から見たいだけでは、課題の発見や改善案に結び付きにくいのも事実です。このようなことが起こらないようにするためにも、相手によって伝える内容を絞るようにしてください。

　また、Webは専門用語が多いため、読み手のリテラシーにも注意します。専門用語は必ずしも減らせばよいわけでなく、あくまで相手に合わせることが大事です。リテラシーが高い人であれば、専門用語を使った方が伝わりやすいかもしれません。

提出頻度と目的

　レポートを提出する頻度は、目的に合わせて考える必要があります。

■日次レポート

　数値のブレが大きいため、状況把握には向きません。数値の急変に気付くために使ってください。基本的には、Web分析・改善に携わる人や現場の担当者が10分〜20分程度の短い時間で見ることのできる内容にします。

■週次レポート

　分析・改善の主体になるのは週次レポートです。日次ほど数値にブレがないことに加え、月次よりも早い対応ができるからです。

■月次レポート

　月次レポートは、その月の振り返りと、方向性の変更を考えるものとして利用しましょう。週次で把握した状況をまとめ、今後どのような戦略を取るべきかを考えるものとしてください。

データビジュアライゼーションツールの活用

必要であれば、データビジュアライゼーションツールの使用も検討します。データビジュアライゼーションツールとは、データをグラフや図で視覚的に表現するツールです。

数値の羅列が並んでいるだけだと、推移の把握や数値ごとの関係性に気付きづらい場合があります。データを視覚的に表現することで、直観的に情報を理解でき、判断のスピードを向上させることが可能です。

データビジュアライゼーションツールで最も身近なものはエクセルでしょう。また、Googleデータポータル（旧Googleデータスタジオ）やTableau（タブロー）などオンライン上のツールも存在します（図9-5）。ただし、ツールによっては慣れるまでに時間がかかったり、費用がかかったりするものもあります。データから推移や関係性を把握することが目的だということを念頭に置いて、過剰にならないように注意しながら利用しましょう。

図9-5　Googleデータポータルを用いてGoogleサーチコンソールをビジュアライズした例

- Google データポータル

  https://datastudio.google.com/navigation/reporting
- Tableau

  https://www.tableau.com/ja-jp

> **! まとめ**
>
> 　読み手が誰かを考えて、レポートの内容や項目、表現を変更しましょう。また、レポートの目的と頻度の関係を理解し、週次レポートを基本に対応や調整を行うようにします。必要であれば、データビジュアライゼーションツールの活用も検討してください。

Section **04**

課題を管理する

　レポートで課題と改善案を示した後は、必ずそれらを管理します。課題管理表などで「見える化」することにより、スムーズに実行に移すことができます。

課題と改善策を実行するために

　レポートを作成し、課題と改善案を報告して終わり、では無意味です。レポートにより示された課題を、改善案によって解決しなければ変化は生まれません。

　しかし往々にして、レポートで終わってしまう仕事はよく見られます。なぜそうなるかというと、課題と改善案を管理できていないからです。

　管理するためには、課題と改善案を見える化し、合意をもらい、実行を促すことが必要になります。つまり管理ができていないと、課題と改善案が宙に浮いたままになってしまいます。そうならないためにも、まずはレポートで出た課題と改善をまとめた管理表を作成しましょう。管理表の項目としては、下記のものがあるとよいでしょう。

- 提案時期
- 課題とそれに対応する改善案
- 優先順位
- 提案の意思決定（実施／却下／保留）
- 提案の実行時期と担当者

これらを表などで見える化することにより、関係者との合意が得られ、実行に移しやすくなります。また、保留となっているものは、実施・却下の意向を確認するようにしましょう。保留になるということは、見込みはあるがタイミングが合わないだけともいえますが、管理表がなければそのまま忘れ去られてしまいます（図9-6）。

　このように、レポートによって生まれた課題と改善案を実現するために、内容や状況を管理していきましょう。

No.	提案日	課題	改善案	優先順位	ステータス	実施予定日	担当者
1	2019/4/25	商品Aの商品詳細ページでの離脱率70%と高い	商品詳細ページ下部にレコメンド機能を実装し、離脱率を低減する	1	実施	2019/5/15	Aさん
2	2019/5/10	フォームの入力画面での離脱率が90%と高い	入力項目を減らし、入力のわずらわしさを低減	10	保留	-	-
3	2019/5/11	新規セッション数が昨年と比べ20%減	Web広告により、新規ユーザーを誘因	-	却下	-	-
…	…	…	…	…	…	…	…

図9-6 レポートで提示された課題と改善策の管理表

　管理表はエクセルやGoogleスプレッドシートでも問題ありませんが、BacklogやRedmineなどのタスク管理ツールを利用してもよいでしょう。ただし、関係者全員が使いやすいツールがどうかに注意してください。せっかくのツールも、徐々に使われなくなってしまっては意味がありません。

- Backlog
  https://backlog.com/ja/
- Redmine
  http://redmine.jp/

管理表に優先順位を明記する

　管理表で重要な点の1つに、優先順位の設定があります。目についた改善策から着手しているようでは、事業に成果をもたらすまでに時間がかかってしまいます。

　第7章でも説明したように、スピードとインパクトの視点から、優先順位を設定しましょう（図9-7）。もちろん、社内リソースも踏まえた現実的な順番にする必要があります。

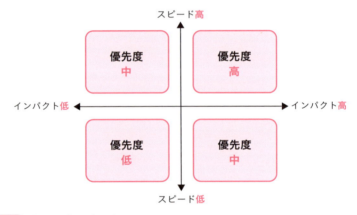

図9-7　優先順位の決め方

　管理表で優先順位を設定すると、関係者間の意識を統一でき、実務者が作業を進めやすくなります。もしこれがないと「この改善案に早く対応して」「あの改善案はまだ？」などの意見が実務者に集まってしまい、何から手を付けていいかわからず、混乱してしまいます。その結果として、どの改善案の対応も遅れてしまうかもしれません。このようなことにならないよう、管理表には必ず優先順位を記載するようにしてください。

! まとめ

　レポートを報告して終わりにするのではなく、それにより生まれた課題と改善案は、管理表で「見える化」してください。管理表を利用することにより、スムーズに行動に移すことが可能です。管理表には改善案ごとの優先順位を設定し、実務がやりやすいようにしましょう。

Section 05

レポートの最終目標は「作らない」こと

レポートを作る時間を減らすか、ゼロにするように工夫し、行動のために時間を使うようにしましょう。そして、関係者全員がWeb分析・改善を思考のベースとする体制を構築し、事業に成果をもたらすことを目指します。

レポートよりも行動を

本書を通じて述べてきましたが、Web分析・改善の目的は、事業に成果をもたらすことです。数値の集計やデータ分析、それによるレポート作成は、目的のための手段でしかありません。もし、レポートを作らなくても事業に成果をもたらせるのであれば、それに越したことはありません。

そして、事業に成果をもたらすためには、行動による変化が必要です。変化がなければいままで以上の成果は生まれません。つまり、レポート作りに費やす時間はなるべく減らし、行動のために時間を使うべきなのです。レポートを通さずに、データから行動が生まれるような状態となることが最終目標といえます。

短時間化と自動化を目指す

レポートを作らないようにするためには、まず作成業務の短時間化や、自動化を考える必要があります。Googleアナリティクスであれば、データをGoogleスプレッドシートにインポートできるアドオン機能が用意されています（図9-8）。

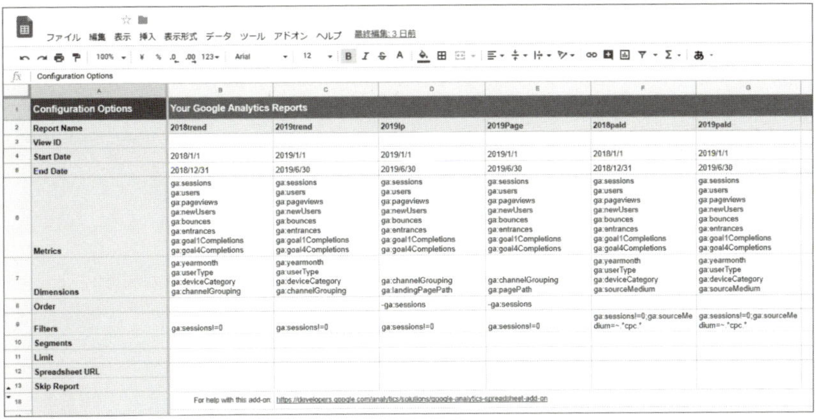

図9-8 Googleアナリティクスのデータはインポートできる

　Googleスプレッドシートはエクセルと同様の機能を持っているので、スプレッドシート上でGoogleアナリティクスのデータを加工、レポート化することが可能です。インポート機能には、スケジュール機能も備わっているため、毎日自動でデータを取得し、定点レポートとすることもできます。

　こういった機能以外にも、さまざまな会社からレポーティングツールが発表されています。ツールや機能を積極的に活用し、レポート作成業務の時間を圧縮していきましょう。

レポートのいらない体制を構築する

　レポートを作らないようにするもう1つの方法は、体制を構築することです。レポート作りはWeb分析・改善を行う人が担いがちですが、それは作り方を知っているからでしょう。反対にいえば、関係者全員が方法を知っていれば、特定の人だけがレポート作成に追われることはなくなります。

　さらに、関係者全員が各指標の意味をしっかり理解し、自身でデータを確認できる体制となれば、管理画面のデータを見るだけで議論ができるようになります。そのような体制を目指すようにしましょう。

関係者全員がWeb分析・改善ベースで考えられるように

　Web分析・改善は、ある特定の1人だけがすればいいものではありません。最も理想的な体制は、関係者全員が「Web分析・改善ベース」で考え、行動し、成果を生み出せることです。

　当たり前ですが、1人でできることには限界があります。時間的な側面ももちろんありますし、施策の発想という側面でもそうです。施策の量や幅は、その人の持っている知識や経験によって決まります。

　関係者全員が施策を発想する体制であれば、成果を生み出せる可能性も高まるでしょう。ただし、思考のフローが異なってしまっては、発想の方向性がバラバラになってしまいます。そこで、Web分析・改善をベースにすることにより、方向性を揃えることが可能になるのです。

　Web分析・改善は、特定のスキルがある人だけが習得できるものではありません。すなわち、アクセス解析ツールが使える、Web広告の運用ができるなどの技術が本質ではないのです。データを活用することにより事業の成果につなげる思考がWeb分析・改善の本質で、これは難しいことではありません。覚えなければいけない用語や指標はありますが、それ以外は現状を知り、課題を見つけ、施策を発想し、それを実行するという、誰でも当たり前に行っている思考です。

　つまり、Web分析・改善は誰でも習得でき、使えるものなのです。ぜひ、関係者全員で学び、事業に成果をもたらしましょう。

❗ まとめ

　レポート作成時間を圧縮する（究極にはゼロにする）ことを目標とし、レポート作りの短時間化や自動化を検討します。また、関係者全員がデータを確認できる体制となるよう、理解を促しましょう。全員がWeb分析・改善をベースとして思考できるような体制を目指し、事業に成果をもたらしてください。

☕ Column ｜ 人のために分析・改善し、心地よい体験を創出する

　すべての製品・サービスは人に利用され、人に喜んでもらうために作られています。そして、人が製品・サービスを利用することにより、データが生まれます。そのデータをもとに課題を発見し、改善案を導き出し、より人に喜んでもらえるようにすることがWeb分析・改善といえます。つまり、Web分析・改善は人のためにあります。

　そのため、人の気持ちに寄り添うことがWeb分析・改善では重要です。人の気持ちに寄り添った考察や改善案は、最も説得力があります。その人の気付いていない本音や動機を洞察し、その行動の文脈に気付けると理想的です。

　しかし、いまやWeb上の改善だけでは不十分といえます。たとえば、ECサイトで商品を買ったが不良品だった、返品対応の電話をしたが対応が悪かったといったことがあったら、その人は二度と購入してくれないでしょう。このように、人の体験はWebだけにとどまりません。Web以外も含めた、「企業全体の体験」の設計を考えるようにしましょう。企業全体を通した心地よい体験を設計するには、各部署と連携することが重要です。

　Webも、すべての製品・サービスと同様、人がより便利に、より心地よく、より価値を得られるようにするためにあります。人が起点となっていることを忘れずに、Web分析・改善を行い、その人にとって心地よく、価値を感じる体験を創出しましょう。

Index | 索引

【英数字】

3C分析 ·················· 48, 81
4C分析 ························ 71
4P分析 ························ 71
5フォース ···················· 43
ABテスト ·············· 162, 166
Backlog ···················· 229
CPA (Cost Per Action／Cost Per Acquisition) ················ 102
CPC (Cost Per Click) ········· 102
CPC課金 ···················· 129
CPM課金 ···················· 129
CSF (Critical Success Factor) ··· 118
CTR (Click Through Rate) ········ 101
CVR (Conversion Rate) ·········· 102
Googleサーチコンソール ········ 66
Googleアナリティクス ·········· 197, 232
Googleサーベイ ·············· 206
Googleデータポータル ·········· 226
KGI (Key Goal Indicator) ···118, 136
KPI (Key Performance Indicator) ··············· 118, 136, 140, 155
KSF (Key Success Factor) ······ 118
LTV (Life Time Value) ········120, 144
MECE ······················ 138
MQL (Marketing Qualified Lead) ······························ 148
PEST分析 ····················· 41
Redmine ··················· 229

ROAS (Return On Advertising Spend) ·················· 106
ROI (Return On Investment) ··· 106
SECIモデル ·················· 175
SFA ························ 126
SimilarWeb ·················· 79
SQL (Sales Qualified Lead) ······ 148
STP ························· 69
Tableau (タブロー) ············ 226
USP (Unique Selling Proposition) ···47
Webマーケティング ············ 37
Web広告 ··················· 101
Webマーケティング解析 ··········29

【あ行】

アクセス解析 ················· 29
アクセス解析ツール ··········· 96, 209
アクティブユーザーモデル ········89
アップセル ·················· 143
粗利 ······················· 105
イーコマース·············· 73, 122, 143
異常検知 ···················· 213
イベント ···················· 159
イベントトラッキング ·············· 159
インタラクション解析 ·············· 159
インプレッション ·············101, 107
インプレッション効果 ············ 103
売上 ······················· 105
売上総利益 ·················· 105

営業支援システム ……………… 126
エグゼクティブサマリー ……………… 222
エンゲージメント ……………… 107
エンゲージメント率 ……………… 107

【か行】

外部環境 ……………… 41, 59, 79
回遊離脱率 ……………… 97
価格決定権 ……………… 20
画一化 ……………… 14
カゴ落ち率 ……………… 146
加重直帰率 ……………… 97
カスタマージャーニー ……………… 86
仮説検定 ……………… 182
仮説力 ……………… 31
基準値 ……………… 109
既存顧客 ……………… 23
客単価 ……………… 115
クッキー ……………… 92
クリエイティブ ……………… 104
クリック ……………… 101
クリック課金 ……………… 129
クリック単価 ……………… 102
クリック率 ……………… 101
クロスセル ……………… 143
計画立案 ……………… 114
計測ツール ……………… 64
原価 ……………… 105
言語力 ……………… 34
効果測定 ……………… 213
広告収益 ……………… 129
広告表示率 ……………… 151
行動観察 ……………… 205
コールセンター ……………… 76
個別化 ……………… 14

コンバージョン率 ……………… 112

【さ行】

最重要指標 ……………… 22
サイト構造 ……………… 189
サイトストラクチャ ……………… 190
サイト内検索ワード ……………… 153
サイトマップ ……………… 190
最頻値 ……………… 184
サブスクリプション型 ……………… 89
差別化要因 ……………… 47, 140
サポートサイト ……………… 76, 131
事業視点 ……………… 203
事業目的 ……………… 115
施策実行力 ……………… 32
市場機会の発見 ……………… 82
自然検索 ……………… 123, 200
情報収集力 ……………… 30
情報発信力 ……………… 31
真のコンバージョン ……………… 149
セールス対象リード ……………… 148
セグメント ……………… 96, 193
設計力 ……………… 32
セッション ……………… 92
セッション数 ……………… 92
遷移率 ……………… 146
戦術 ……………… 38, 44, 50
戦略 ……………… 38, 40, 46

【た行】

達成時期 ……………… 115
チェックポイント ……………… 178
中央値 ……………… 184
直帰率 ……………… 94
都度課金型 ……………… 89

237

定性データ ……………………… 205
ディメンション ………………………96
定量データ ……………………… 205
データビジュアライゼーションツール
……………………… 226
デモグラフィック ………………………67
導線 …………………… 186, 192
トラッキングコード …………… 93, 209
トラフィック効果 ……………… 103

【な行】
内部環境 …………………… 57, 80
ナレッジマネジメント ……………… 175

【は行】
ヒートマップツール …………… 206
非顧客 ……………………… 215
ビジネス解析 ………………………29
ビジネスモデル ………………… 73, 77
表示課金 ……………………… 129
費用対効果 ………………………22
ファーストビュー ……………… 133
ファネル型 ……………………… 186
フィルタ ………………………96
複眼的な視点 ………………………25
ブランディング ………………… 17, 20
フリークエンシー ……………… 103
フレームワーク ………………… 53, 68
プロダクトライフサイクル ………………16
平均値 ……………………… 184
ページビュー数（PV数）………………93
ペルソナ ………………………70
訪問回数 ………………………99
訪問数 ………………………92
訪問頻度 ………………………99

【ま行】
マーケティングオートメーションツール
……………………… 148
マーケティング対象リード ………… 148
マイクロコンバージョン ……………… 149
見える化 ……………………… 228
ミクロ解析 ………………………84
メールマーケティング ……………… 112
メディアサイト …… 75, 129, 151
メトリクス ………………………96
目標売上 ……………………… 115

【や行】
ユーザーエクスプローラ ………………84
ユーザー視点 ……………………… 202
ユーザー数 ………………………93
ユーザー属性 ……………………… 199
ユーザーテスト ……………… 207

【ら行】
ライフタイムバリュー ……………… 120
ランディングページ（LP）………… 191
リーチ ……………………… 107
リードジェネレーション … 74, 125, 147
リードナーチャリング ……………… 147
離脱改善指標 ………………………98
離脱率 ………………………95
リピーター ………………………94
流入数 ……………………… 116
レスポンス効果 ……………… 104
レッドオーシャン ………………………82
レポート …………… 197, 218